KB185645

리더의 돕는법

Helping

조직력을 극대화하는
리더의 7가지 도움 원칙

리더의 돕는법

Helping

에드거 샤인 지음

김희정 옮김

시심

아내 메리에게 이 책을 바친다.
아내는 이제 고인이 됐지만
도움에 관해 내가 아는 모든 것을 가르쳐줬다.

더 나은 리더가 되기 위해 알아야 할 도움 관계의 역학

김호 (리더십·조직 커뮤니케이션 코치, 《왓두유원트》 저자)

도움은 어떻게 조직을 성공으로 이끄는가

2014년. 사티아 나델라^{Satya Nadella} 현 마이크로소프트 CEO가 취임한 해 평균 주가는 36달러였다. 그가 조직을 운영한 지 10년이 된 해인 2024년 이 회사의 주가는 400달러를 훌쩍 넘어섰다.[+] 10년 사이 열 배가 넘는 성장 배경을 해석하는 렌즈는 여러 가지가 있다. 최근 나는 마이크로소프트에서 전임 CEO와 현 CEO를 각각 10년 간 경험해온 마이크로소프트 글로벌 인플루언스그룹 아태지역 매니저인 이소영 이사를 인터뷰할 기회가 있었다.[++]

[+] 2024년 1월 1일부터 11월 1일까지 평균 주가 기준
[++] "김호가 만난 뉴리더 4화: 마이크로소프트의 '기여 리더십'을 말하다 – 이소영, 김호" 폴인 https://www.folin.co/article/5066 ; 마이크로소프트의 조직문화에 대해 더 읽고 싶다면 《당신은 다른 사람의 성공에 기여한 적 있는가?》(이소영, 퍼블리온, 2021) 참고

그는 성장의 중요한 요인 중 하나로 조직문화의 혁신적인 변화를 꼽았다. 어떻게 이것이 가능했을까? 마이크로소프트의 나델라 CEO는 다음과 같은 '도움의 질문'을 인사 정책에 도입했다.

"다른 사람의 성공에 도움을 준 것은 무엇인가요?", "다른 사람의 도움을 바탕으로 당신이 이룬 성과는 무엇인가요?" 인사평가에서 모든 임직원들에게 자신이 이룬 성과 못지않게 다른 사람과 어떻게 도움을 주고받으며 '서로의' 성공을 만들어냈는지 구체적인 에세이를 써서 증명하도록 했다.

서로 어떤 도움을 주고받아 성과로 이어졌는지 생각하고 공유하는 과정에서 구성원들의 행동이 변화하도록 '넛지'^{Nudge} (유도)'하는 방식을 사용한 것이다. 그 결과, 이전에는 외부 경쟁자보다 조직 내 부서 간 경쟁 문화가 강했던 마이크로소프트에 부서 사이의 긴밀한 협력 문화가 형성됐고, 이는 10년 넘게 지속적인 성장을 이끌어내는 원동력이 됐다.

조직문화 연구를 개척하고 평생 조직개발 분야에서 기업 컨설팅과 연구를 이어간 에드거 샤인은 성공적인 조직문화란 결국 제대로 된 도움 관계$^{helping relationship}$의 구축에서 비롯된다고 봤다. 그렇다면 조직문화에서 도움 관계란 무엇일까? 조직의 성공을 위해 리더는 어떤 도움을 주고받아야 할까?

조직문화와 마찬가지로 리더십의 핵심에는 도움이 있다. 이렇게 말하면 흔히 리더는 도움을 주는 사람으로 생각하기 쉽다. 하지만 샤인은 리더란 구성원들에게 도움을 주는 것뿐만 아니라, 구성원들이 서로 도울 수 있도록 장려하고, 리더 역시 구성원에게 스스럼없이 도움을 요청하고 받을 수 있어야 한다고 말한다. 다시 말해 리더십이란 '상호성으로서의 도움'인 것이다.

리더는 영향력을 발휘하여 변화를 만들어내는 사람이다. 샤인에 따르면 변화의 성공은 구성원들이 리더에게 도움을 구할 수 있을 때 가능하다. 하지만 대부분의 리더는 구성원들을 변화의 대상으로 삼고, 이는 저항을 불러일으키기 마련이다. 보윅[Borwick]이 정확히 짚었듯 사람들은 변화에 저항하는 것이 아니라 변화를 '당하는' 것에 저항하기 때문이다.[+]

"《리더의 돕는 법》은 여러 면에서 가장 심플한 책이지만 나에게 가장 중요한 책이라고 말했습니다. 그동안 수많은 책을 쓴 샤인 교수님께서 《리더의 돕는 법》이 나에게 가장 중요한 책이라고 꼽는 이유는 무엇인가요?"

[+] "People don't resist change; they resist being changed." - Borwick, I. 1969. "Designing Training Programs: Parity or Parody?", *Human Resource Management*, 8(4), 40

2012년 10월 25일 목요일 당시 84세였던 에드거 샤인은 미국 인디애나대학교 역사학과 필립 스카피노[Phillip Scarpino] 교수와 콜로라도주 덴버에 위치한 하얏트 호텔에서 4시간 가까운 인터뷰를 했다.[+] 샤인은 인터뷰 내내 기침을 했지만, 자신의 어린 시절부터 80대까지 학술적인 측면은 물론 가족을 포함한 개인의 역사에 대해 솔직하고 깊이 있는 인터뷰를 했다. 스카피노 교수는 비행기 시간에 맞춰 떠나야 하는 샤인 교수를 붙들고 말미에 질문을 던졌다. 다음은 샤인의 답이다.

"왜냐하면 도움이란 다른 모든 것에 적용되는 과정과 관련돼 있기 때문입니다. 조직문화 변화를 위해서는 겸손한 질문[Humble Inquiry](《리더의 질문법》, 심심, 2022)을 하는 법을 배워야 합니다. 의료현장에서 환자의 안전을 개선하고 싶다면 겸손한 질문을 하는 법을 배워야 합니다. 제가 성공했던 모든 경험의 핵심 기술은 겸손한 질문입니다. 더 나은 리더가 되고 싶다면 개선해야 할 것 중 하나는 겸손하게 질문하는 능력, 즉 도움을 주는 것뿐만 아니라 도움을 요청하는 법을 배우는 것입니다."

[+] "Edgar Schein oral history interviews"(Personal interview of Edgar Schein by Philip Scarpino on Oct. 25, 2012 in Denver, Colorado) by Tobias Leadership Center, Indiana University. Edgar Schein Oral History Interviews: Audio & Transcripts: Oral History: Research: Tobias Leadership Center: Indiana University

에드거 샤인의 영향을 받을 수밖에 없는 조직문화, 리더십 커뮤니케이션 분야의 코치로서 나 역시 《리더의 돕는 법》이 가장 중요한 저서이자 이미 국내에 출간된 《리더의 질문법》과 밀접하게 연관된 책이라 생각해 두 권의 책 출간을 심심에 추천한 바 있다. 이 두 책 모두 그가 80대에 접어들어 쓴 책이다. 그는 세상을 떠난 90대까지도 집필을 멈추지 않았는데, 그가 노년에, 즉 21세기에 접어들어 마지막 20여 년간 쓴 책들은 어렵지 않으면서도 평생 연구한 핵심 통찰을 담고 있어 더욱 소중하다. 그는 인터뷰에서 70대 중후반까지 너무 바쁘게 살았고, 나이 들어서야 비로소 삶을 돌아보며 차분하게 생각을 정리할 시간이 생겼다고 했다.

도움은 모든 관계의 핵심이다

도움은 개인에게도 중요하다. 많은 사람에게 커리어와 관계는 중요한 고민의 두 가지 축이다. 자신의 일을 도움help이란 단어를 써서 정의해보자. 나는 누구에게 어떤 도움을 주는 사람인가? 직장에 있다가 나와서 돈을 벌지 못하는 중요한 이유는 자신이 좋아하거나 잘하는 것으로 남에게 도움을 줄 수 있는 기술이 없기 때문이다. 사람들은 자신에게 도움이 되는 제품이나 서비스를 제공할 수 있는 사람에게 관심을 갖고 돈을 지불하기 마련이다.

관계 역시 마찬가지다. 좋은 관계란 각자에게 필요한 도움을 서로 요청할 수 있고 줄 수 있는 관계다.

그런데 우리는 윤리적 차원에서 어려운 사람을 도와줘야 한다는 다소 뻔한 말을 배운 적은 있어도 무엇이 진정한 도움인지 제대로 배운 적은 없다. 도움이 무조건 긍정적인 것은 아니다. 어떤 사람은 자신이 가진 힘을 과시하고 남보다 낫다는 것을 보여주기 위해 도움을 활용한다. 또 어떤 경우에는 상대방이 필요로 하지 않는 도움을 자꾸 준다. 자신이 도움을 주고 있다는 사실에 만족감을 느끼기 위함이며, 이때 상대방은 '도움의 피해자'가 될 수도 있다.

샤인에 따르면 도움의 출발점은 자신이 생각하기에 상대방에게 도움이 되는 것을 주는 게 아니라 상대방이 정말로 필요한 것이 무엇인지 호기심을 갖고 알아보는 것이다. 미국의 메디컬 드라마 〈뉴 암스테르담〉에서 새로 취임한 메디컬 디렉터 맥스 굿윈 박사의 유명한 대사는 "어떻게 도와드리면 될까요?How can I help?"이다. 그는 남들에게 어떤 도움이 필요한지 항상 호기심을 갖고 겸손한 자세로 묻는다.

그런데 도움을 요청하고 받을 때에는 미묘한 지위status 변동이 발생한다. 도움을 받는 입장에 있는 사람이 '한 수 아래'인 것처럼 취약한 상황에 처하게 되는 것이다. 특히 아파서 도움을 요청하는 사람의 자존심 상실이 최소화될 수 있도록 상대가 부탁하기 전에 먼저 물어보는 방식을 취할 수 있다. 이번에《리더의 돕는 법》을 다시 읽으면서 가장 감동적인 부분은 샤인이 수술을 받고 집에 있는 아내를 도와주는 장면이다. 그의 아내는 25년 동안 암 투병을 했다. 그는 부엌에 갈 때면 아내에게 필요한 게 있는지 먼저 물어보는 등 아내가 미안함을 덜 느끼도록 배려했다.

결국 도움이란 주가 변동과 같은 중대한 문제부터 조직문화, 리더십, 커리어 개발, 컨설팅 및 개인관계까지, 개인과 조직을 변화시키는 핵심이라고 할 수 있다. 하지만 '도움'을 주고받는 소통 과정에 대해 우리가 깊게 관심을 갖지 못하는 이유는 무엇일까? '도움'이란 용어는 마케팅, 전략, 회계, 협상과 같이 '멋지게' 보이지 않는다. 누구나 다 알고 있다고 생각한다. 소통과 관계의 형성에 있어 도움을 주고받을 때 과정상의 소통을 어떻게 해야 하는지 잘 몰라서 오는 개인이나 조직, 사회의 손실은 막대하다. 국가 운영을 위해 서로 어떻게 도움을 주고받아야 하는지 모르는 정치인들의 모습을 우리는 매일 본다.

샤인은 과정 컨설팅^{Process Consultation}이란 방법론을 제안했는데,

이 방법론의 핵심은 해결책을 제시하는 것에만 집중하기보다 의사소통 과정에 초점을 맞추고 겸손한 질문을 활용하여 고객에게 도움을 주는 것이다. 이는 샤인이 인간중심치료를 창시한 심리학자 칼 로저스[Carl Rogers]의 영향을 받은 것에 기인한다. 칼 로저스는 "개인의 자기 이해와 자기 개념, 태도를 변화시키고 자기 주도적 행동을 변화시키기 위한 막대한 자원을 내면에 가지고 있다"[+]라고 말했고, 샤인은 자신의 자서전이라 할 수 있는《미국인 되기[Becoming American]》에서 그에게 받은 영향을 따로 적기도 했다. 이 책은 상대방 내면에 있는 변화의 힘을 믿고 이끌어내기 위해 리더가 겸손한 질문으로 어떻게 도움을 주고받아야 하는지 알려주고 있다.

샤인은 스카피노와의 인터뷰에서 교수이자 강연자로서 무대에 서서 남을 가르치는 것보다 한 사람이라도 더 겸손한 질문을 통해 상대방의 변화를 돕고 그 과정을 발견함으로써 더 큰 기쁨을 느꼈다고 말했다. 그리고 노년에 작가로서 자신의 정체성에 대해 더욱 큰 자각을 하게 됐다고 말했다. 이 책에서 샤인은 50년 넘게 조직문화를 연구한 자신의 지식과 연구, 컨설팅 경험을 바탕으로 얻은 지혜와 통찰을 마치 동네 책방에서 이야기를 나누

[+]　Carl R. Rogers. 1980. *A Way of Being*. New York: Houghton Mifflin

듯 쉽고 담담하게 풀어낸다. 독자 여러분도 샤인의 옆자리에 앉아 내 삶과 일, 관계에서 도움을 제대로 주고받는 방법이 무엇일지 한 번 들어보는 흔치 않은 기회를《리더의 돕는 법》을 통해 누려보길 바란다.

모든 관계는
도움을 주고받으면서 시작된다

도움을 주고받는 것은 인간관계의 근간을 이루는 행위다. 우리는 수시로 연인, 친구 혹은 배우자가 원하는 일을 해내도록 돕고, 어머니는 갓난아기에게 젖을 물리고, 팀원은 소속된 팀 전체의 성공을 돕기 위해 자신의 역할을 다한다. 의사는 환자의 회복을 돕고, 조직관리 컨설턴트는 개인, 그룹 혹은 조직이 더 잘 기능하도록 돕는다. **도움을 주고받는 일**을 통해 모든 것의 추동력이 되는 기본적인 관계가 형성된다. 사실 일상생활에서 우리는 도움을 너무도 당연하게 받아들인 나머지 누군가가 '별 도움이 되지 못했을' 때에야 비로소 이 단어를 언급하는 경우가 더 많다. 생각해보면 도움을 주고받는 것이 일상에서 이토록 흔한 일임에도 불구하고 우리가 이 관계의 감정적 역학에 대해 비교적 무지하다는 사실은 꽤 역설적이다.

심리치료사, 사회복지사 등을 비롯한 인적 서비스 전문가들이 제공하는 공식 영역의 도움에 관해서는 이미 방대한 문헌이 나와 있다. 하지만 내가 친구에게 도움의 손길을 내밀었다가 여지없이 퇴짜를 맞는 과정에서 어떤 일이 벌어지고, 무엇이 잘못됐는지에 관한 이해는 거의 전무하다. 물에 빠진 사람을 구하려고 뛰어든 사람이 구조 과정에서 상대방의 어깨를 탈골시켰다고 고소당하는 일은 도대체 어디서부터 어떻게 잘못된 것일까? 왜 수많은 경영 컨설팅 보고서는 결국 사무실 휴지통행이 되는 것일까? 왜 환자들이 처방약을 복용하지 않는다고 불평하는 의사들이 생기는 것일까?

공식적으로 도움이 오가려면 도움을 청하는 '의뢰인'과 도움을 주는 사람 사이에 어느 정도의 **이해와 신뢰**가 있어야 한다는 사실을 우리는 직감적으로, 그리고 경험적으로 이해한다. 도움을 주는 사람은 언제 도움을 줘야 할지, 어떤 도움이 필요할지를 알아야 한다. 의뢰인이 자신이 해결해야 하는 문제가 실제로 무엇인지 밝히고, 제공되는 도움을 받아들이고, 도움을 주려는 사람과 나눈 대화의 결론을 실행에 옮기려면 신뢰가 필요하다.

심리치료에 관한 책에서는 신뢰를 구축하는 방법과 그 중요성을 크게 강조하지만, 일상적으로 도움을 주고받는 상황에서는 그런 쌓는 방법이나 신뢰의 존재 여부를 판단하고 유지하는 여러 방법을 밝히고 이해하려는 노력이 별로 없다. 특히 도움을 주고받는 상황 대부분은 아무런 경고도 없이 순식간에 벌어지고 시간 제약이 있는 경우가 많다. 곧 있을 상사와의 중요한 회의에 입고 갈 옷을 고르는 배우자를 도와야 할 때 새 환자를 받은 심리치료사처럼 자리에 앉아서 심각한 대화를 시작할 수는 없다. 붐비는 교차로를 건너려는 시각장애인에게 도움이 필요한지 물을 때 신뢰 관계를 구축한 후에 그의 팔을 잡고 길을 건너지는 않는다. 하지만 그런 상황에서도 어떨 때는 시각장애인 쪽에서 "고맙지만 사양하겠습니다"라고 말하고 혼자서 길을 건너기도 한다. 그럴 때면 내가 뭔가 잘못해서 그 사람의 기분을 상하게 한 것인지, 아니면 그 사람이 불필요한 위험을 감수하면서까지 도움을 거부한 것인지 궁금해진다. 아무리 생각한다 한들 진짜 이유가 무엇인지 어떻게 알겠는가?

도움을 주고받는 일 전반을 아우르는 이론이 유용하려면 길모퉁이에서 도움을 구하는 사람에게 길 안내를 하는 매우 간단한 일부터 훨씬 더 복잡한 일까지 **모든** 상황에서 효과적인 도움과 그렇지 않은 도움의 차이를 설명할 수 있어야만 할 것이다. 그 정도의 이론을 구축하려면 가능한 한 모든 관계를 분석하고 신뢰라는 것이 진정으로 어떤 의미인지를 파헤쳐야 한다.

그러기 위해서는 모든 인간관계가 '위상 설정$^{status\ positioning}$', 그리고 사회학자들이 '상황적절성^{situational proprieties}'이라고 부르는 요소에 따라 결정된다는 개념에서 시작해야 한다. 높고 낮음에 상관없이 스스로 마땅하다고 느껴지는 위상과 지위를 부여받고 상황에 적절한 일을 하길 원하는 것은 너무도 인간적인 감정이다. 우리는 대부분 상대보다 조금 더 우위에 있거나 적어도 대등한 위상을 유지하기 위해 노력하고, 자신이 위상을 얼마나 잃거나 얻었는지에 따라 모든 상호작용에 대한 판단을 내린다. 성공적인 상호작용, 다시 말해 성취감을 주는 상호작용은 우리의 목표에 맞게 적절히 행동했을 때를 말한다. 이상적인 목표는 그 상호작용으로 모든 사람이 어느 정도는 이익을 보는 것이다.

도움을 주고받는 상황의 특징은 타인이 뭔가를 성취하려는 것을 의식적으로 도우려 한다는 점이다. 도움 관계에 시간, 감정, 생각, 그리고 물질적 자원을 투자하기 때문에 우리는 다만 고맙다는 인사에 그칠지라도 어떤 보상을 기대한다. 모든 것이 잘 작동하면 이 관계에서 양쪽 모두 위상을 얻는다. 그러나 아뿔싸! 뭔가가 잘못되는 경우가 허다하고, 그 결과 위상을 잃는 위험을 감수해야 할 때도 많다. 도움이 필요하지 않거나, 원치 않을 때 도우려 하거나, 엉뚱한 방향으로 도움을 주거나, 도움이 필요한 기간에 도움을 지속하지 못하는 등의 실패 말이다.

이 책에서 나는 도움을 주고받는 관계의 역학과 그런 관계에서 신뢰가 얼마나 중요한지를 설명한다. 이에 더해, 적절한 도움을 주려면 무엇을 꼭 해야 하는지, 그리고 도움을 효율적으로 받으려면 어떤 원칙을 지켜야 하는지도 살펴보자. 나는 도움을 주고받는 사회·심리적 역학관계가 도움의 종류나 복잡성과 상관없이 모두 동일하다고 믿게 됐다. 단순히 길을 가르쳐주는 상황부터 효율적인 조직관리를 위한 상담과 조언을 하는 컨설팅 상황 혹은 몸이 아픈 배우자를 돌보는 상황에 이르기까지 이를 아우르는 대원칙은 비슷하다는 의미다. 책에는 내가 직업적으로, 그리고 개인적으로 경험한 광범위한 사례를 담았다. 살면서 나도 심리상담, 테니스 배우기를 비롯해 수많은 형태의 도움을 받았다. 그리고 남편으로, 세 자녀와 일곱 손주를 둔 아버지이자 할아버지로, 수없이 많은 강연을 한 연사로, 개인 고객과 기업, 단체 고객을 대상으로 한 컨설턴트로서 도움을 주는 역할을 수행했다. 무엇보다 아내가 유방암과 싸우는 동안 그녀를 돌봤다. 이렇게 다양한 상황들 사이에서 유사점을 찾아냄으로써 도움을 주고받는 일 전체를 아우르는 이론을 정립할 수 있었다.

이 책의 구성

나는 이 책을 학술 논문이 아닌 에세이처럼 썼다. 하버드대학교 사회관계학과에서 공부할 때 방대한 범위의 사회학과 인류학을 접하면서 나는 이 두 분야가 사회 현상에 대한 사회·심리학적 분석에 충분히 활용되지 않고 있다고 느꼈다. 특히 시카고 학파는 도움에 관한 분석에 가장 적절한 '상징적 상호작용론symbolic interaction'[*]을 개발했다. 쿨리Cooley(1922), 미드Mead(1934), 휴스Hughes(1958), 블루머Blumer(1971) 등이 정립한 이 이론은 어빙 고프먼Erving Goffman(1959, 1963, 1967)에 의해 눈부시게 확장됐다. 고프먼은 사회적 행동에 대한 미시적 분석으로 엄청난 통찰을 제시한 것으로 유명하다. 나는 그가 월터리드연구소Walter Rees Institute of Research에서 자문위원으로 일하던 1953년부터 1956년까지 그와 밀접하게 공동 연구를 했고, 그 후 사회학자 동료인 존 밴 마아넨John Van Maanen(1979)과 함께 작업할 때도 이 형태의 분석 방법에 계속 주의를 기울였다.

내게 매우 강력한 영향을 준 두 번째 통찰은 미국행동과학연구소National Training Labs(Bradford, 1974; Schein & Bennis, 1965)와 수십 년에 걸쳐 진행한 공동 연구에서 얻었다. 그 연구소에서 나는 감수성 훈련 집단을 관리했고 메인주 베델에 교육용 실험실을 설립하는 작업에도 참여했다. 감수성 훈련 집단에서 얻은 개인적인 배움 외에도 몇 세대에 걸친 연구원들이 한데 어울려 자아내는 집단역

[*] 인간의 상호교류는 말이나 몸짓 등의 상징에 의해 촉진된다는 이론

학과 리더십은 내게 심오한 영향을 끼쳤다. 특히 덕 맥그레거[Doug McGregor], 리 브래드포드[Lee Bradford], 켄 벤[Ken Benne], 론 리피트[Ron Lippitt]와 고든 리피트[Gordon Lippitt], 허버트 셰퍼드[Herbert Shepard], 워렌 베니스[Warren Bennis], 잭 깁[Jack Gibb], 크리스 아기리스[Chris Argyris], 에디 시쇼어[Edie Seashore], 찰리 시쇼어[Charlie Seashore], 딕 벡하드[Dick Beckhard] 등을 거명하고 싶다.

이들과 교류하면서 함께 개발하고 진행한 워크숍 등을 통해 나는 대인 과정[interpersonal processes]에 초점을 맞출 수 있었다. 이 과정과 상징적 상호작용론은 나만의 상담 방식인 '과정 컨설팅[process consultation]'✝(1969, 1999)을 개발하는 데 큰 도움이 됐다. 그리고 다년간의 컨설팅 경험을 통해 도움을 주고받는 일이 조직관리 상담의 중요한 요소일 뿐만 아니라, 그 자체로 분석이 필요한 핵심적 사회 과정이라는 사실을 깨달았다.

이 책에서는 우리 모두에게 매우 익숙한 경험을 개념적으로 정리해봤다. 학술 논문으로 쓰는 글이 아니기 때문에 도움과 관련된 연구를 모두 언급하기보다는 도움을 주고받는 일에 대한 독자의 이해와 기술을 향상시킬 수 있는 실질적 통찰을 제시하고자 했다. 독자들이 염두에 둬야 하는 것은 코칭이나 컨설팅 등에 대해 현재 나와 있는 대부분의 분석은 기질이나 성격과 같은 심리

✝ 개인 또는 집단이 조직 내의 과정 문제를 지각하고, 이해하고, 해결할 수 있도록 외부 상담자가 도와주는 조직발전의 한 기법

학적 요인에 초점을 맞추고 있다는 사실이다. 이런 요소들이 중요한 것은 사실이지만 도움을 주고받는 관계에 대한 이해는 문화·사회학적 관점에서 나와야 한다는 것이 나의 견해다.

유머 작가 스티븐 포터^{Stephen Potter}(1950, 1951)는 상호작용의 사회적 규칙에 대한 깊은 통찰을 바탕으로 주인공이 사회적 위상을 얻거나 상대방의 위상을 추락시키기 위해 이 규칙을 어떻게 활용하는지를 담은 진담 반 농담 반의 글을 발표했다. 《게임에 이기는 능력^{Gamesmanship}》과 《한 수 위로 올라서기^{One-upmanship}》는 사회적 상호작용의 한 단면을 과장해 우스꽝스럽게 표현한 캐리커처에 불과하지만, 사실 우리 주변에서 늘 벌어지는 일과 크게 다르지 않은 일화다. 이 두 작품의 영어 제목에 사용된 '게임스맨십'과 '원업맨십'이라는 표현이 일상적인 단어라는 사실은 우연이 아니며, 우리가 지향하는 사회적 위상이라는 목표에 도달하기 위해 보편적으로 따르는 의례를 반영한다.

도움을 주고받는 관계는 특별하므로 거기 깃든 특수한 성격에 유의해야 한다. 그런 의미에서 나는 엘렌 랭어^{Ellen Langer}의 중요한 저서 《마음챙김》(1989)에 큰 자극을 받았다. 이 책은 고프먼이 인간관계에 관해 효과적으로 탐구한 주제를 한 사람의 내적 세계를 기반으로 연구한다.

사회에서 벌어지는 일들이 일부는 경제학적으로, 또 다른 일부는 연극적 맥락에서 해석할 수 있다는 내 기본 주장은 오랜 학문과 철학적 전통에 뿌리를 두고 있다. 서로 다른 문화들 사이에서 보편적인 요소는 그다지 많지 않지만, 모든 사회에는 계층이 있고 모든 사회적 행동은 상호적이라는 점에 인류학자들도 동의한다. 도움을 주고받는 과정에 대해 내가 이 책에 거론한 주장과 의견들은 모두 나의 것이지만 앞에서 언급한 사회·인류학적 전제를 기초로 한다. 사회적 상호작용과 도움이 우리의 일상에서 하는 역할을 조금 다른 관점에서 들여다봄으로써 우리의 이해를 더욱 풍성하게 하고자 그런 주장과 의견들을 차용했다.

1장에서는 도움의 여러 형태를 고찰하고 이 개념이 얼마나 넓고 깊은지 살펴본다. 2장에서는 경제학과 연극의 용어와 이미지를 사용해서 인간관계의 근본 요소를 이해하는 시도를 해본다. 3장에서는 이 개념을 도움을 주고받는 관계에 적용해 모든 도움관계가 처음에는 균형이 맞지 않고 모호하다는 주장을 제기한다. 4장은 도움을 주는 사람이 취할 수 있는 세 가지 역할을 설명하고 도움을 주고받는 관계는 언제나 과정에 대한 컨설팅으로 시작돼야 한다고 주장한다. 겸손한 질문으로 도움을 주고받는 관계를 시작하는 방법에 대한 설명이 5장의 주요 내용이고, 6장에서는 그에 대한 상세한 사례들을 살펴본다. 7장과 8장에서는 도움관계의 모델을 팀워크와 리더십, 조직변화 관리의 필수적인 요소

에 어떻게 적용할지를 상세하게 들여다본다. 9장은 타인을 돕고
자 하는 사람들이 명심해야 할 몇 가지 원칙과 도움말로 마무리
한다.

차례

1

도움이란
무엇인가?

성공하는 도움과
실패하는 도움

　도움을 주고받는 것은 복잡한 현상이다. 게다가 도움이 되는 도움이 있고, 도움이 되지 않는 도움이 있다. 나는 이 둘 사이의 차이를 살펴보고자 책을 썼다. 교수이자 컨설턴트로 일하면서 나는 어떨 때 도움이 되고 어떨 때 그렇지 않은지, 왜 어떤 강의는 성공적으로 잘 돌아가고 어떤 강의는 그렇지 않은지, 그리고 왜 딱딱한 강의보다 실습을 통한 코칭과 경험적 학습이 더 성공적인 경우가 많은지에 대해 자주 생각해보곤 한다. 조직관리 컨설팅을 할 때 내용보다 과정, 다시 말해 '무엇'을 하는지보다 '어떻게' 하는지에 초점을 맞출 때 더 효과적인 이유는 무엇일까? 도와달라는 요청을 받거나 도와줄 필요가 있을 때 도움을 주고, 도와주겠다는 제안을 받거나 필요한 도움을 받아들이는 일을 어떻게 하면 효과적으로 할 수 있을지에 관한 통찰을 제시하는 것이 이 책의 목적이다. 두 가지 모두 우리가 생각하는 것처럼 쉬운 일은 아니다.

며칠 전, 친구가 자기 아내와 겪고 있는 문제에 어떻게 대처하면 좋을지 조언해달라고 부탁했다. 내가 한 가지 제안을 하자 친구는 발끈하며 그 방법은 이미 시도해봤고 전혀 효과가 없었을뿐더러 그런 제안을 한 내가 눈치 없는 사람이라는 내색까지 했다. 도움을 구해서 도움을 줬지만 별 도움이 되지 않았고, 관계까지 불편해져 버린 과거의 수많은 경험을 떠올리게 하는 일화였다.

하지만 도움이 된 도움도 생각이 났다. 어느 날 우리집 앞에 한 여성이 차를 세우고 물었다. "매사추세츠 애비뉴까지 어떻게 가나요?" 행선지가 어딘지 묻는 내게 그녀는 보스턴 시내로 가야 한다고 대답했다. 그래서 우리가 서 있는 도로를 쭉 따라가면 보스턴 시내에 갈 수 있으니 매사추세츠 애비뉴를 거칠 필요가 없다고 알려줬다. 그녀는 자신이 원래 물어본 길 대신 더 편한 길을 알려준 내게 매우 고마워했다.

내가 보기에 실패로 끝나는 도움 중에서 도움을 주고받는 양쪽 모두가 가장 자주 경험하는 일에는 컴퓨터가 등장하는 경우가 많은 것 같다. 고객센터에 전화를 하면 어떤 도움이 필요한지 알아내기 위해 그쪽에서 하는 질문조차 나는 이해하지 못하는 경우가 허다하다. 문제 해결을 위해 내가 취해야 할 조치를 단계적으로 가르쳐주는 컴퓨터 전문가의 지시를 듣고 있자면, 도대체 어느 시점에서 그의 말을 끊고 "잠깐만요, 첫 단계부터 이해를 못했는데요"라고 말해야 할지조차 모르겠다. 반면, 컴퓨터 사용법을 배우기 위해 고용한 또 다른 전문가는 내게 컴퓨터를 배우는 목표가 무엇인지 물었다. 그는 주로 글을 쓰는 데 컴퓨터를 활용하고 싶은 내 욕구를 이해한 다음 글쓰기를 쉽게 만들어줄 프로그램과 도구를 중심으로 사용법을 알려줬다. 정말 좋은 경험이었다. 그럼에도 불구하고 아내가 컴퓨터 문제로 내게 도움을 구할 때면, 나도 똑같은 함정에 빠져 아내가 잘 알아듣지 못하는 나만의 방식을 제안하는 실수를 범하고 둘 다 짜증이 잔뜩 나는 상황이 자주 생긴다.

내가 문제를 겪을 때 주변 친구, 편집자, 상담사, 교사, 코치들이 그 문제와 별 상관없는 제안이나 조언을 하는 경우가 자주 있다. 가능한 최대한 부드럽게 그들의 도움을 모르는 척하고 넘어가려 하지만, 가끔은 스스로 도움을 자처하고 나선 사람들에게서 그냥 돕고 싶었을 뿐이라는 짜증 섞인 반응이 돌아오곤 한다.

도움을 받아들이지 못한 내가 뭔가 잘못하는 것이라는 암시를 주는 반응이었다.

한번은 아이가 수학 숙제를 도와달라고 했다. 나는 하던 일을 잠시 멈추고 문제를 풀어줬지만 아이는 고맙다는 말도 하지 않고 짜증을 내며 가버렸다. 내가 무슨 잘못을 저지른 것일까? 또 한번은 숙제를 도와달라고 온 아이에게 말했다. "이야기 좀 할까?" 아이는 사실 학교에서 겪고 있던 심각한 교우관계 문제에 관해 이야기하고 싶었던 것이다. 숙제는 그냥 핑계에 불과했다. 우리는 대화를 나눴고 둘 다 기분이 훨씬 나아졌다.

의사, 심리상담사, 사회복지사, 다양한 분야의 코치들은 좋은 의도로 도움을 주려 했지만 뭔가 잘못돼버린 경험을 한 적이 있을 것이다. 나는 다양한 조직의 임원들을 상대로 조직관리 컨설팅과 진로 상담을 하면서 그들이 내놓은 문제에 대한 해결책을 제시한 적이 많다. 하지만 나중에 내 조언이 효과가 없었거나 외뢰인이 조언을 실천에 옮기지 않았다는 사실을 종종 발견했다. 컨설팅을 하면서 그룹 미팅 중 있었던 역기능적인 행동을 지적하면 매우 도움이 됐다며 고맙다고 하지만, 결국 그 행동에 일말의 변화도 없었다는 사실을 깨달을 때도 많았다.

도움을 주고받는 일은 물론 일대일 상황에서만 벌어지지 않는다. 그룹 전체가 함께 노력을 기울이거나 팀으로 일해야 할 때 임무의 성공 여부는 구성원들이 자신의 역할을 얼마나 제대로 해 내는지에 달려 있는 경우가 많다. 우리는 효율적인 팀은 어떻게 해야 서로를 잘 도울 수 있는지 그 방법을 아는 구성원들로 이뤄져 있다는 중요한 사실을 자주 간과한다. 하지만 바로 그것, 서로를 성공적으로 잘 돕는 것이야말로 좋은 팀워크의 본질이다. 흥미로운 사실은 '도움'이라는 단어가 입에 오르내리는 상황은 주로 그 일이 벌어지지 **않았을** 때라는 점이다. 구성원들끼리 서로 "네가 한 일은 전혀 도움이 되지 않았어", "네 도움이 더 필요했었는데……" 하고 불평할 때 말이다.

구성원들끼리 서로 돕는 일의 중요성은 팀 스포츠에서 가장 두드러진다. 팀 스포츠를 할 때 한 선수의 득점 능력은 다른 선수들이 패스하거나 블로킹하는 능력과 직접 관련이 있다. 미식축구에서 득점을 해 경기를 승리로 이끈 선수가 공을 패스해주고 상대팀을 블로킹해준 팀 동료들에게 고마움의 표시로 크게 한턱을 냈다는 뒷이야기가 수없이 많다. 경기에서 서로 돕지 않으면 쿼터백이 교체되거나 러닝백이 태클을 당하는 등의 사태가 벌어져 패배를 면치 못할 것이다.

물론 도움을 주고받는 일에는 그냥 겉으로 보는 것보다 훨씬 더 복잡한 무언가가 있다. 언뜻 보기에 흔하기 짝이 없고 인간으로 살아가는 데 필수불가결한 행위가 바로 도움이지만, 실은 도처에 어려움이 도사리고 있고 실패로 끝나는 경우가 많다. 이 책은 도움을 주고받는 것은 중요하지만 복잡한 인간 행위라는 전제를 기본으로 두고 시작한다. 도움을 주거나 받는 일의 진정한 의미는 무엇인지, 그 과정에 어떤 심리·사회·문화적 함정이 도사리고 있는지, 그리고 어떻게 그런 함정을 피할 수 있는지 알아보자. 앞에서 언급한 예에서도 볼 수 있듯이 의사, 변호사, 성직자, 사회복지사 등 전문가에게서 받는 도움 외에도 수많은 형태의 도움이 있다. 그렇다면 도움은 도대체 무엇이며 어떻게 해야 제대로 작동할까?

도움의 다양한 형태

　도움이라는 개념은 정말이지 광범위하다. 용에게 잡아먹힐 위기에 처한 공주를 구하는 빛나는 갑옷을 입은 기사부터 조직문화를 바꿔 새 전략 목표를 달성하거나 생산성을 높이는 데 필요한 도움을 제공하는 컨설턴트에 이르기까지 다양하다. 도움을 받는 사람의 입장에서 보면 요청해서 받는 도움뿐만 아니라, 요청하지 않더라도 언제 도움이 필요한지를 알아차리는 자발적이고 관대한 타인의 행동까지도 도움이라고 할 수 있다.

살아가면서 어떤 식으로든 도움을 주고받게 되는 다양한 상황을 생각해보자(표 1.1 참조). 도움은 공적인 상황이나 사적인 상황 모두에서 끊임없이 벌어진다. 표 1.1에 묘사된 일들은 우리가 살아가면서 종종 해내는 역할이다. 여기서 한 걸음 더 나아가 생각해보면, 도움을 주고받는 일은 모든 형태의 조직과 일터에 항상 내재된 요소라는 것을 깨닫게 된다. 결국 이런 조직과 일터가 생긴 이유는 혼자서 모든 일을 해낼 수 없기 때문이다. 우리는 하인이나 경비원 말고도 혼자서 할 수 없는 일을 해내기 위해 보수를 지불하고, 고용된 사람들은 도움을 제공한다. 따라서 직업적인 의무를 다하는 것 자체가 도움을 주는 일상적인 행위다. 부하 직원이 임무를 완수하는 데 필요한 노력을 충분히 기울이지 않았거나, 상사가 거기에 필요한 시간과 자원을 제대로 제공하지 않았

표 1.1 도움의 다양한 형태

길을 묻는 관광객에게 안내를 해주는 낯선 사람

자녀가 숙제하는 것을 봐주는 부모

파티에 무슨 옷을 입고 갈지 조언해주는 배우자

환자가 침대용 변기를 사용하는 것을 보조해주는 간호사

혀끝에 맴도는 말을 대신 해주는 친구

함께 식사한 테이블을 치우고 설거지를 해주겠다고 제안하는 손님

학생에게 개념을 설명해주는 선생님

컴퓨터 문제를 해결할 수 있도록 단계적으로 조언을 해주는 컴퓨터 전문가

큰 곤경에 처한 사람에게 조언을 해주는 119 교환원 혹은 자살 방지센터 상담사

친구, 부모에게 새 휴대폰이나 비디오 게임을 어떻게 하는지 보여주는 아이

고객에게 특정 기술을 어떻게 향상시키는지 알려주는 코치

수술실에서 집도의에게 적절한 때 적절한 수술 기구를 건네는 수술실 전문 간호사

미식축구에서 러닝백이 뛸 수 있도록 수비를 뚫어주는 블로커

경영진에게 부하 직원들을 어떻게 다룰지 조언하는 기업 컨설턴트

파트너가 결정적인 한마디를 날려 관객에게 웃음을 선사할 수 있도록 밑밥을 까는 즉흥 개그쇼 팀 멤버

해고된 노동자가 새로운 직장이나 커리어를 찾도록 조언을 해주는 직업상담사

부하 직원에게 일을 어떻게 하면 더 잘할 수 있는지 조언하는 상사

자신이 담당한 부품을 제시간에 끼워 맞춰서 조립 라인이 제대로 움직일 수 있도록 하는 노동자

환자를 돌보는 간병인

의뢰인에게 이혼 절차를 알려주는 변호사

경제적 위기에 처한 가족에게 대처 방법을 제안하는 사회복지사

환자가 처한 행동 혹은 감정적 문제에 어떻게 대처할지 방법을 함께 찾아가는 심리상담사

죄책감, 슬픔, 불안 등의 감정에 어떻게 대처해야 할지 교구 주민에게 조언하는 성직자

환자의 질환을 진단하고 처방전을 써주는 의사

슬픔에 빠진 유가족들이 사랑하는 이의 죽음에 대처하는 과정을 돕는 장례지도사

조직의 기능을 향상시키려고 노력하는 조직 컨설턴트

을 때 그들의 관계에는 긴장이 생긴다. 부하 직원과 상사 사이에는 상대방에게 어떤 도움을 받을 수 있을지에 대한 기대에 기초를 둔 심리적 계약 관계가 존재하기 때문이다.

　도움을 의미하는 단어가 얼마나 다양한지 생각해보면 이 개념의 방대함을 실감할 수 있다(표 1.2). 이 모든 도움 과정에 공통점이 있을까? 제안하고, 제공하고, 요청하고, 받는 도움의 질을 향상시키기 위해 기본적으로 이해해야 하는 문화적 의미가 있을까? 물리적 도움, 감정적 지지, 정보 제공, 통찰력 있는 진단, 조언, 추천 등 도움의 종류는 다양하기 그지없지만, 이런 도움의 형태를 구분할 필요가 있을까? 이 도움들은 서로 비슷할까 아니면 많이 다를까?

표 1.2 도움을 주고받는 일과 관계 있는 다양한 표현들		
보조하기	가능하게 하기	제안하기
지원하기	설명하기	처방하기
조언하기	용이하게 하기	추천하기
돌보기	주기	보여주기
촉매 역할 하기	안내하기	방향 제시하기
코치하기	건네기	제공하기
컨설팅하기	향상시키기	지지하기
상담하기	멘토 역할 하기	가르치기
~를 위해 무엇인가를 하기	보살피기	말해주기

공식적인 도움과
비공식적인 도움

일상생활에서 누군가 다른 사람이 문제를 해결하거나, 무언기를 성취하거나 혹은 무슨 일을 더 쉽게 할 수 있도록 해주는 행동이 바로 도움이다. 도움에는 도움을 받는 사람 혼자 그 일을 할 수 있었을 수도, 하지 못했을 수도 있지만, 도움 덕분에 그 일을 하는 게 더 쉬워졌을 것이라는 의미가 담겨 있다. 극단적인 경우에는 도움이 없었으면 그 일을 해내는 것이 불가능했을 수도 있다(물에 빠진 사람을 구하는 상황처럼). 따라서 도움은 협력, 협업 등 다양한 형태의 이타적 행동의 기저가 되는 과정이다. 이 범주를 '비공식적인' 혹은 '사적인' 도움이라고 부르자. 모든 문화권에서 사적인 도움은 일상화돼 있고, 문명사회의 기초로 당연시된다. 인간이 아닌 생물종에서도 이런 행위가 관찰되므로 아마도 생물학적 유전에 얼마간 뿌리를 두고 있을 것이다. 우리는 도움을 예의 바른 행동으로 여길 뿐만 아니라 문화·윤리·도덕적 행동규범의 일부로 생각한다. 그리고 이런 식의 도움은 일상적으로 늘 벌어진다. 이 맥락에서 또 한 가지 염두에 둘 부분은 누군가가 도움을 요청하거나 제공하겠다는 의사를 표현하면 어떤 방식으로든 대처해야 한다는 사실이다. 그렇지 않으면 사회적 그물망이 약간 손상되고, 도움을 주고받으려는 당사자들은 당혹감을 느낀다.

다음 단계는 '준공식적인' 도움으로 집, 자동차, 컴퓨터, 음향기기 등에 문제가 생겼을 때 찾는 전문가들에게 도움을 받는 상황을 말한다. 고장 난 것을 다시 작동하게 만드는 데 도움을 받지만 사적인 관계는 맺지 않고, 받은 서비스와 정보에 대해 돈을 지불한다. 도움을 받는 입장이든 주는 입장이든 가장 짜증 나는 경험은 대부분 이 영역에서 일어난다. 도움을 받는 쪽에서는 뭐든 사용하기 쉬워야 한다는 기대감을 품는 동시에 컴퓨터 같은 신문물 사용에 필요한 어휘와 지식은 받아들이고 싶어 하지 않는 태도를 보이면서 마찰이 생기고 도움을 주고받는 양쪽이 모두 어려워지는 것이다.

'공식적인' 도움은 사적인 문제 혹은 건강이나 감정적 문제를 겪고 있어서 자격을 갖춘 전문가에게서 의학·법·심리·영적 지원을 받는 것을 말한다. 우리는 도움을 받기 위해 의사, 법률가, 성직자, 상담사, 사회복지사, 심리학자, 정신과 의사 등을 찾아간다. 기업이나 조직의 관리자가 역할을 수행하다가 관리 방식이나 조직 성과에 문제가 있으면 거기에 해당하는 컨설턴트의 도움을 구한다. 이럴 때 전문가가 도움을 제공하는데, 여기에는 계약이나 시간표 등의 공식적인 요소가 포함되며 도움을 받는 사람은 그에 상응하는 금전이나 재화를 지불한다. 도움에 관한 대부분의 분석이 이 공식적인 도움에 대해 이뤄지지만, 사실 비공식적인 도움과 준공식적인 도움이 훨씬 더 자주 일어난다. 그리고 이런 도움이 제대로 작동하지 않으면 그 여파가 더 크게 나타나는 경우가 많다.

앞으로 더 공식적인 상황에서 오가는 도움이 일상에서 벌어지는 비공식·준공식적인 도움과 어떻게 다른지 살펴볼 예정이다. 훈련받고 자격증을 갖춘 효율적인 전문가들이 성공적으로 도움을 주기 위해 어떻게 하는지, 그리고 그보다 덜 공식적인 상황에서 더 효과적으로 도움을 주려면 그런 전문가들에게서 무엇을 배워야 할지도 생각해보자. 이에 못지않게 중요한 것은 도움을 주는 일을 직업으로 하는 전문가들이 비공식·준공식적인 도움 관계에서 무엇을 배울 수 있는가 하는 점이다.

도움을 주고받는 것은 관계를 맺는 일이다

도움 과정에는 두 명 이상이 참여하기 마련이므로 **관계**가 형성된다. 이 **관계**를 어떻게 생각하고 규정해야 하는지를 중점적으로 살펴보자. 그러다 보면 결국 **모든** 관계는 어떻게 형성되는지, 그리고 서로를 신뢰하고, 터놓고 의사소통할 수 있는 좋은 관계를 갖는 것이 어떤 의미인지에 관한 토론으로 이어질 것이다.

모든 관계는 타인과 상호작용할 때 어떻게 행동해야 하는지 알려주는 문화규범의 지배를 받는다. 이런 문화규범 덕분에 안전하고 생산적인 사회적 상호작용이 가능해지는데, 우리는 이를 예절, 눈치 혹은 에티켓이라 부른다. 눈에 보이는 표면적 행동 이면에는 사회가 작동하기 위해 반드시 따라야 하는 강력한 규칙이 있다. 이 규칙 중 일부는 상황에 따라 달라지기도 하지만 모든 문화권에 보편적으로 존재하고, 그것을 깬 사람은 배척당하거나 고립된다. 누군가와 상호작용을 하다가 상대가 이 규칙을 어기면 우리는 불쾌함이나 창피함을 느끼고, 거기에 더해 이것이 좋지 않은 관계일지도 모른다는 의혹을 품게 된다. 그 결과 신뢰도가 낮아지고, 도움을 구한 쪽은 아무런 도움도 받지 못했다는 느낌이 들고, 도움을 제안한 사람은 거절 혹은 무시당했다고 느낀다.

도움 자체가 관계라고 할 수 있지만 준공식적인 도움을 제안하고, 제공하고, 제공받는 과정은 항상 누군가의 주도로 시작된다. 따라서 도움을 줄 사람과 도움을 받을 사람 사이의 첫 접촉이 어떻게 도움 관계로 진화했는지 이해하고 넘어가는 것이 중요하다. 한쪽이 도움을 제안하거나 제공하기로 결심하고 그 의도가 전달되어 도움 관계가 형성될 수도 있다. 반대로 다른 쪽이 도움을 청해서 관계가 형성될 수도 있다. 그런가 하면 팀 리더가 여러 사람을 한데 모아 관계 구축에 노력을 기울이고, 그로 인해 팀원들이 서로 돕는 결과가 나올 수도 있다. 컨설턴트가 경영인을 도와 다양한 그룹을 조직화해서 전체 목표를 달성하는 데 서로 도움을 주고받을 수도 있다. 간혹 어떤 단체나 공동체에 도움이 필요하다는 사실이 자명해도 누군가가 그 사실을 명확히 규정하고 나서야 구성원들이 그 필요성을 의식하게 될 때도 있다. 거기서

부터 관계를 기반으로 한 도움 과정이 시작될 수 있다.

따라서 제일 먼저 주의를 기울여야 할 부분은 한 사람의 주도로 시작된 일이 어떻게 관계로 발전하는지다. 관계 구축에 필요한 보편적인 역학 구조를 이해한다면 더 효과적인 도움 관계를 맺을 수 있을 것이다.

다음 장에서는 관계를 지배하는 결정적인 규칙 몇 가지와 그런 규칙들이 도움 관계에 어떻게 적용되는지 살펴볼 것이다. 거기에 더해 도움으로 인해 생길 수 있는 관계의 불평등과 역할의 모호함, 균형 잡힌 관계가 형성되고 편안해진 후 도움을 주는 사람이 취할 수 있는 다양한 역할, 그런 관계를 정립하는 방법, 도움을 주고받는 사람 사이의 관계가 진화함에 따라 도움 방식이 어떻게 변화할 수 있는지 알아보자.

2

사회 질서를
유지하는 도움

도움에 적용되는
두 가지 문화 원칙

우리는 어릴 때부터 근본적인 문화 원칙 두 가지를 배운다. 둘 중 더 중요한 첫 번째 원칙은 두 당사자 사이의 모든 의사소통은 주고받는 과정이며 공정하고 공평하게 느껴져야 한다는 것이다. 그게 안 된다면 적어도 그런 외양은 갖춰야 한다. 사회 안에서 살아남고 편안해지려면 누구나 사회경제학적 규칙을 익혀야 한다. 어릴 때부터 뭔가를 받으면 '감사합니다' 하고 말하는 등 선물에 대한 고마움을 표현하도록 배우는 것이 이 규칙의 가장 기초 단계다. 감사 표현은 의사소통의 고리를 완성해서 공정하고 공평한 상호작용을 만드는 답례다. 같은 맥락에서 우리는 어릴 때부터 누군가 자신에게 말을 하면 거기에 주의를 기울여야 한다고 배운다. '주의를 기울인다'는 표현으로 사용되는 영어의 'pay attention'에서 'pay'는 '지불하다'라는 뜻도 있다는 점에 주목해 보자. 이렇게 뭔가를 '지불하다'라는 것은 상대방이 가치 있는 정보나 지시 사항을 제공했다는 사실을 인정한다는 의미다. 앞으로 더 상세히 다루겠지만, 우리는 모든 관계에서 답례를 기대한다. 적절한 답례를 하지 않으면 상대방의 기분이 상하고, 결국 관계가 악화된다.

두 번째 원칙은 인간 문화의 모든 관계에서 우리는 거의 의식조차 하지 못한 채 관습적인 역할을 수행해낸다는 사실이다. 많은 경우, 어릴 때부터 습득하고 관습에 기초한 역할을 받아들이는 이 과정이 너무도 자연스럽게 이뤄지기 때문이다. 모두가 자신의 역할을 적절히 수행해야 하고 그 역할은 주어진 상황과 맞물려 잘 돌아가야만 한다. 두 사람이 대화할 때면 누가 배우(말하는 사람)고 누가 청중(듣는 사람)인지 결정해야 한다. 역할은 매우 빠르게 바뀔 수 있지만 사회적 상호작용이 잘 이뤄지려면 각자 맡은 역할이 상호보완적이어야 한다. 상호작용으로 인해 생기는 실질적인 경제 가치는 바로 이 두 번째 원칙, 즉 상황에 따라 각자 수행하는 역할이 정해지고 우리가 그 역할에 어떤 가치를 부여하느냐에 따라 결정된다. 만일 내가 목소리와 태도로 지금

하려는 말이 중요하다는 신호를 보내면, 그것으로 상황과 역할, 그리고 교환 가치가 결정된다. 상대는 자동으로 더 집중하는 태도를 취하고, 내가 하는 말을 주의 깊게 듣고 있다는 것을 행동으로 표현한다. 그와 동시에 뭔가 중요한 내용을 듣게 되리라는 기대를 한다. 하지만 내가 단순히 주의를 끌기 위해 그런 신호를 보낸 걸로 판명 나면 기분이 상하고 짜증이 날 것이다. 내가 규정한 상황에 따른 역할을 제대로 수행하지 못했기 때문이다.

평범한 일상은 이렇게 상황을 규정하는 일이 연속적으로 벌어지면서 흘러간다. 이 과정에 따라 각자 어떤 역할을 수행하고 상대방에게 어떤 기대를 할지 알게 된다. 예를 들어, 자신보다 위상이 더 높은 사람이 등장하면 존중의 표현이 필요하다. 위상이 낮은 사람이 함께 하는 상황이라면 자신이 누리는 더 높은 위상에 맞는 적절한 태도를 취해야 한다. 이런 방식으로 우리는 자신의 역할과 타인의 역할에 가치를 부여하는 방법을 배운다. 사회적 관계가 공정하고 공평하다는 것은 실제 위상이 평등하다는 의미가 아니라 각자의 상대적 위상과 특정 상황에 맞게 행동함을 뜻한다. 각 참여자가 요구하는 가치는 상황에 따라 결정된다. 큰 행사에서 강연자로 등장할 때면 나는 더 큰 가치를 누릴 것을 기대할 수 있고, 청중은 그에 상응하는 존중을 표현한다. 행사 후 참가자들과 한잔하는 자리에서 나는 여전히 상대적으로 높은 위상을 누리지만 덜 공식적인 태도를 취하고 더 적은 가치를 요구하며 다른 사람들이 나를 더 친근하게 대하도록 허락한다.

이 가치를 좀 더 쉬운 말로 하면 '체면'이다. 우리는 모든 상호작용에서 일정량의 체면을 지키고 싶어 하고, 답례의 규칙에 따라 상대가 원하는 만큼의 체면을 지켜주거나 북돋워준다. "해줄 말이 있어"라고 하면 상대에게 가치 있는 뭔가를 알고 있다고 주장하는 의미로 받아들여진다. 그러면 상대는 말을 멈추고 집중해서 주의를 기울인다. 여기서 다시 '주의를 기울이다'의 영어 표현 'pay attention'에 '지불하다^{pay}'가 들어간다는 점을 주목하자. 그리고 우리가 이 관계에 시간과 노력을 투자한다는 말은 그렇게 함으로써 사회적 자본을 쌓아 나중에 상대방의 호의가 필요할 때 인출할 수도 있다는 의도를 내포하고 있다는 점에도 주목하자.

상대방의 신호를 무시하거나 상황을 곤란하게 만드는 등 상대방이 원하는 대로 답례를 하지 않으면 그는 체면을 잃게 되고, 우리는 무례하거나 공격적이라는 평가를 받게 된다. 그런 의미에서 상호작용하는 상대의 기대를 충족시켜주지 못하면 양측 모두 체면을 잃게 되는 것이 문화적 관행이다. 그러나 상대의 신호를 예의 바르게 받아들이면서도 재치 있는 말이나 표정, 몸짓 등으로 더 높은 위상을 알리면서 그에 따라 우리의 기대가 더 우선적으로 받아들여지도록 요구할 수도 있다. 따라서 사회적 상호작용은 양쪽 모두 체면을 유지하는 미묘한 균형 잡기의 연속이 될 수도 있고, 자신의 위상을 한 단계 올리는 기회가 될 수도 있다. 스티븐 포터는 이를 '한 수 위로 올라서기'라고 불렀다.

상황에 따른 역할과 규범은 심지어 우리가 지지하는 공식적인 가치보다 우선시될 때도 있다. 가령 우리는 어린이에게 절대 거짓말을 하면 안 된다고 가르치지만, 비만인 이웃이 지나갈 때 '뚱뚱하다'고 외치면 안 된다고도 가르친다. 생각해보면 어른이 된다는 것은 솔직해야 할 때와 외교적이어야 할 때, 그리고 대응하기가 힘든 것을 보거나 듣지 못한 척해야 할 때를 가리는 방법을 배우는 과정이기도 하다. 그러나 이렇게 삼가거나 거짓말하는 능력이 관계의 신뢰에 문제를 일으키는 원인이다. 한 사람의 진실함, 적절한 처세, 믿음직함은 그 사람이 다양한 역할을 수행하는 동안에도 이 요소들을 얼마나 일관성 있게 유지하는지, 그리고 그 사람의 공적인 외양과 내적 가치가 얼마나 일치하는지에 따라 평가되기 때문이다.

성인으로 일상을 살아가는 과정에서 우리는 수천 가지의 역할과 그에 따른 대본을 학습한다. 그 덕분에 일상생활에서 맞닥뜨리거나 스스로 만들어내는 다양한 상황을 식별하고 서로 다른 관계를 무리 없이 관리할 수 있다. 앞으로 살펴보겠지만, 이러한 문화적 역학관계는 도움을 주고받는 상황에서 매우 중요하다. 도움을 받는 쪽이나 주는 쪽 모두 스스로 지키고자 하는 체면을 가지고 상황에 임하기 때문이다. 도움 관계가 어떤 식으로 발전하는지는 도움을 받는 쪽이 주는 쪽에 또 도움을 주는 쪽이 받는 쪽에 각각 얼마만큼의 가치를 부여하는지에 달려 있다. 그리고 양쪽 모두의 가치는 상대방을 얼마나 신뢰하는지에 따라 결정된다. 이제 이 역학관계를 더 자세히 들여다보자.

도움의 경제적 성향

서로의 가치를 판단할 때 모든 문화권에서 공통적으로 공정성과 상호성의 규칙이 통용된다면, 그 과정에서 교환되는 사회적 화폐는 무엇일까? 바로 사랑, 관심, 인정, 수용, 칭찬, 도움이다. 사실 넓은 의미에서의 도움은 사회 구성원들 사이에 오가는 화폐 중 가장 중요하다. 도움이야말로 사랑을 비롯해 상대방을 아끼는 인간적인 감정을 표현하는 주된 방식이기 때문이다. 비공식적인 도움을 그저 당연한 것으로 여기고 받아들이는 일이 너무 빈번해서 도움을 주고받았다는 사실 자체를 의식하거나 그것을 도움이라고 여기는 일은 드물다. 당연히 올 것이라 예측했던 도움이 오지 않고 나서야 우리는 그 부재를 깨닫고 도움을 주지 않은 사람에게 부정적으로 반응한다. 누군가가 도움을 구하면 도움을 줘야 하고, 만약 도움을 주지 못한다면 그럴듯한 이유가 있어야 한다는 의미다. 같은 맥락에서 누군가가 도와주겠다는 제안을 했을 때, 상대방이 그 도움을 받아들이거나 받아들이지 못할 경우에는 그럴듯한 이유가 있어야 한다. 요청에는 응답이, 제안에는 고맙다는 의사 표현의 의무가 따른다. 누군가를 '도움이 안 된다'고 묘사하는 일은 명백한 부정적 표현이며, 그 사람을 그룹의 구성원으로 믿고 의지할 수 있는지에 관해 의문을 제기하는 것이나 마찬가지다.

　자기 자신과 상대방에게 부여하는 가치의 크기는 사회적 행동, 취하는 노선, 투사되는 체면 등을 통해 전달된다. 우리가 자신의 가치를 얼마나 주장하고, 상대의 가치와 체면을 얼마나 인정하고 보호해줘야 하는지는 문화와 상황에 따라 다르다. 하지만 우리의 일상적인 언어만 봐도 사회적 상호작용이 얼마나 경제적인 현상인지 잘 알 수 있다.

　일상적으로 벌어지는 상호작용에서 사용되는 경제 관련 용어들을 생각해보자. 앞에서 살펴본 '주의를 기울이다^{pay attention}'뿐만 아니라 '경의를 표하다^{pay respect}', '신세를 갚다^{pay off social debt}', '칭찬을 하다^{pay a compliment}', '결과에 대한 책임을 지다^{pay the piper}'의 영어 표현에는 모두 '지불하다^{pay}'라는 표현이 들어 있다. 또 '팔다'라는 뜻의 'sell' 도 관용구에 많이 사용된다. '자신을 과소평가하다$^{sell\ yourself\ short}$', '자신의 관점을 설득시키다$^{sell\ your\ point\ of\ view}$', '배반당하다$^{be\ sold\ up\ the\ river}$' 혹은 냉소적인 '쟤 오늘은 뭘 팔려고 저러지?$^{what's\ he\ selling\ today?}$' 등은 아주 좋은 예다. 파는 사람이 있으면 사는 사람도 있다. 다음 표현에 등장하는 '사다^{buy}'라는 영어 표현에 주목해보자. 우리는 '호의를 사기$^{buy\ good\ will}$' 위해 노력하지만, '말도 안 되는 이야기를 믿는 것$^{buy\ an\ unlikely\ story}$'은 하지 않는다. 상호작용 과정에서 '주고받는다$^{give\ and\ take}$'는 개념을 드러내는 용어도 많고, 그런 거래 관계를 기억하는 것에 관한 용어도 흔히 쓰인다. '마땅히 받아야 할 것^{due}'을 달라고 요구하거나, 받을 걸 다 못 받아 '손해를 봤다'$^{+}$고 느낄 수도 있다. 상대는 예의상으로라도 응답할 '빚을 지고^{owe}', '투자^{invest}'한 시간과 노력에 대한 '보상$^{pay-off}$'이 없으면 속은 느낌이 든다. 돈이 오가지 않았다 하더라도 누군가에게 '귀를 빌려달라거나'$^{++}$ 힘을 빌려달라는 요청을 할 수도 있다. 사회적 상호관계에 대한 은유는 차고 넘친다('눈에는 눈, 이에는 이', '화내지 말고 되갚을 궁리를 해', '심은 대로 거둔다', '오는 정이 있어야 가는 정이 있다' 등).

✢   short-changed, 거스름돈을 덜 받았다는 의미
✢✢   lend a ear, 귀를 기울이고 내 말을 들어달라는 의미

이런 식의 경제학적 과정이 얼마나 사소하고 일상적인 상호 작용에 깊이 침투해 있는지를 깨닫는 것은 그다지 어렵지 않다. 거지에게 뭔가를 줬는데 아는 척도 하지 않으면 속은 기분이 들거나 배은망덕하다는 느낌을 받는다. 사회적 공정성에 대한 감각을 되찾기 위해 우리는 자신이나 주변 사람에게 "내가 관대하게 베풀었어"라고 말하며 심리적으로 자신의 가치를 높이거나 "배은 망덕한 놈 같으니!" 하고 말하며 상대방을 깎아내린다. 공정성이 균형점을 찾을 때까지 우리는 막연하게나마 불편함을 느낀다. 아무도 체면을 잃고 싶어 하지 않는다. 더 일반적으로 말하자면 우리의 자존감은 서로가 주장한 가치를 상대방이 수용하고 그 사실을 확인하는 일을 계속하는 것에 기초한다. 이러한 상호확인은 주의를 기울이고 있음을 표현하는 자세나 이해했다는 의미로 고개를 까닥이는 행동만으로도 충분하다.

이렇게 끊임없이 서로 보강을 해나가는 과정이 사회생활의 본질이다. 매너가 좋다거나 예의가 바르다고 하는 것은 사실상 문화적으로 일상생활에서 필수적이다. 누구나 새로운 문화권에 갔을 때 상호인정의 규칙을 알지 못해서 생기는 긴장감을 경험해 봤을 것이다. 상대가 그런 규칙을 어기고 상황을 만회하려 하지 않으면 우리는 화가 나거나 모욕감을 느낀다. 의도적으로 상대방의 체면을 지켜주지 않으면 모욕감을 주게 되고, 불쾌한 사람이라는 평을 받고, 기피 인물이 된다. 극단적인 경우, 이런 사회적 규칙을 계속 어기는 사람을 '정신질환자'로 분류하고 시설에 감금하기도 한다. 다시 말해, 이런 규칙을 무시하고 서로를 인정하지 않으면 사회 구성원들은 금방 개인주의적이고 경쟁적인 폭도로 바뀌고 불안감이 치솟을 것이다.

이런 규칙이 얼마나 강력한지 실감하려면 다음과 같은 사회적 실험을 해보면 된다. 다음번에 친구나 배우자가 무슨 말을 하기 시작하면 미동도 하지 말아 보자. 고개를 끄덕이지도 말고 무표정한 얼굴로 아무 말도 하지 않는 것이다. 5~10초도 지나기 전에 상대방은 무슨 일이 있는지, 괜찮은지, 자기 말을 듣고 있는지 물어보면서 어떻게든 지금 하는 행동이 괜찮지 않다는 사실을 알릴 것이다. 사회 그물망을 유지하는 기본규범을 깼으므로 상대방에게 설명을 하거나 "아, 미안, 잠깐 딴생각을 했네" 등의 사과로 상황을 수습해야 한다. 그런 설명이 사실일 수도, 아닐 수도 있지만 그럴싸하게 변명하는 것이 사회적 규범이다. "네가 하는 말은 전혀 흥미가 없어"라는 반응은 적절치 않다.

사회적 교환 관계에 임하는 양측이 상황을 다르게 판단해서 서로 다른 화폐를 사용하는 경우 불안, 긴장, 분노, 불편, 당황, 수치, 죄책감 등을 느낄 수 있다. 주고받은 것을 한쪽 혹은 양쪽 모두가 공정하지 않다고 느낄 때도 있다. "내가 요즘 겪고 있는 문제를 상의하러 심리상담사를 찾아갔는데, 상담사가 혼자 말을 다 해버려서 진짜 나를 괴롭히고 있는 문제에 대해서는 이야기하지도 못했어" 혹은 "조언을 받으려고 엄청나게 큰돈을 냈는데 심리상담사가 내가 하는 말을 듣고는 내 말을 되풀이만 하더라고. 그게 무슨 도움이야?" 도움을 받는 쪽이 조언을 무시하거나 제안받은 도움을 받아들이기를 거부하는 것도 똑같이 기분 상하는 일이다. 그런 긴장감은 한쪽 혹은 양쪽 모두가 불공정함을 깨닫고 설명이나 사과, 뒤늦은 감사 표현으로 수습하지 않으면 해소되지 않는다.

신뢰가 쌓여야 더 많은 도움을 주고받을 수 있다

규칙이 명확하다 하더라도 언제, 어떻게 관계를 구축하거나 피할지 결정하는 일은 개인의 선호에 영향을 받는다. 우리는 대부분 기본 에티켓을 알고 준수하지만, 여전히 사람마다 선택하는 것과 선호하는 것이 다르다. 어딘가에 속하기를 좋아하는 사교적인 사람은 다른 사람들의 제안에 동의할 가능성이 높고, 주도하기를 좋아하는 사람은 모든 관계에서 계속 경쟁하고 한 수 위를 점거하려는 시도를 할 가능성이 있으며, 자율성을 중시하는 사람은 도움을 주고받는 관계를 아예 피하려 할 수도 있다. 하지만 이는 모두 문화규범의 범위 안에서 생기는 차이일 뿐이다. 더 중요한 사실은 우리가 이 규칙들을 의식적으로든 무의식적으로든 스스로에게 유리하게 조정하려고 하는 것 자체가 관계를 정립하고, 심화하고, 시험하는 과정의 기본적인 메커니즘으로 작동한다는 점이다. 사적이지 않은 관계에서는 자기 가치를 주장할 여지가 별로 없다. 반면 가까운 친구나 동반자에게는 내밀한 생각과 감정을 드러내고 상대의 반응을 기대한다. 그리고 그 과정에서 우리가 지닌 더 큰 가치를 인정받기를 바란다. 우리가 친밀한 관계를 맺는 이유 중 하나는 자존감을 확인하고 증진할 수 있는 상황을 만들기 위해서다. 그런 관계에서는 자신의 가치를 더 주장할 수 있고, 이를 인정하고 확인해줄 상대가 생기기 때문이다.

가끔 우리는 스스로의 가치를 더 확실히 인정받길 요구한 다음, 상대가 거기에 적절히 반응하는지 살피면서 관계를 시험하기도 한다. 높은 위상을 과시하거나("안녕하세요, MIT대학의 샤인 교수입니다.") 사적이고 의미 있는 정보를 공유하면서("오늘 컨디션이 별로 좋지 않아.", "지금 막 상담 치료를 받고 오는 길이야.") 상대방이 자신을 이해해주고 공감하며 방금 한 말을 제대로 알아들었다는 신호를 하는지 본다. 많은 경우 상대는 자신의 사적인 정보를 공유하는 것으로 화답한다. 이렇게 시험하고 반응하는 일을 반복하면서 우리는 점차 더 친밀한 관계를 맺는다.

이런 맥락에서 누군가를 신뢰한다는 것은 내가 어떤 생각, 감정, 의도를 드러낸다고 해도 그 사람이 나를 얕보거나, 기분 나쁘게 하거나, 믿고 털어놓은 정보를 이용하지 않으리라는 확신을 갖는 일이다. 일상적인 대화에서 이 메커니즘이 어떻게 작동하는지 주의를 기울여보자. 상대방이 하는 말에 집중하지 않거나, 다른 이야기를 시작하거나, 말하는 사람의 어깨 너머로 보이는 더 흥미로운 사람에게 관심을 기울이거나, 하품을 하거나, "다 아는 이야기야"라고 하면서 말을 끊거나, 흥미가 없다는 투로 대답한다면 말하는 사람의 체면이 깎이고 망신스럽다고 느낄 가능성이 있다. 이는 관계 맺기에 방해가 되며 말하는 사람은 상대방을 무례하고 말을 건넬 가치가 없는 사람 혹은 앞으로 피해야 할 사람이라는 결론을 내릴 것이다. 반면 상대방이 하는 말에 집중하고 다양한 방법으로 흥미가 있다는 신호를 보내면 관계를 맺을 수 있고, 이를 바탕으로 나중에 뭔가를 이야기하고 싶을 때 그 사람이 집중해서 들어줄 것을 기대할 수 있다.

우리는 다른 사람들과 상호작용할 때 문화규범과 경험을 통해 쌓은 지식을 이용해서 그 사람과 더 깊은 관계를 맺거나 소원해질 수 있다. 누군가와의 대화가 공평하게 지속되지 않는다면,

불편함을 느끼지 않기 위해 그 사람을 피하고 그 사람과는 깊은 관계를 맺지 않으려 할 것이다. 업무 혹은 다른 이유로 그런 사람과 상호작용을 해야 할 때 예의 바르게 공적인 관계를 유지하게 하는 문화적 규칙이 존재한다. 우리는 거리가 있는 정중한 관계를 유지하고 싶다는 신호는 어떻게 보내야 하는지, 더 가까워지고 싶다는 신호는 어떻게 보내야 하는지 학습해왔다. 우리가 그런 관계 속에서 어떤 느낌을 받는지, 그 관계가 얼마나 깊어지기를 원하는지 의식적으로든 무의식적으로든 결정하게 만드는 요소는 바로 공정과 공평함이다.

관계의 깊이는 우리 자신을 드러내는 대신 얻을 수 있는 가치의 양으로 규정할 수 있다. 이런 맥락에서 상대방이 내 자존감을 안전하게 지켜줄 것이라고 믿는 게 신뢰다. 깊은 관계를 맺은 상대에게 우리는 이용당하거나, 무시당하거나, 얕보이거나, 호응받지 못할 수도 있는 취약한 상태로 자신을 노출한다.

대화가 공정하게 흘러가지 못할 때 우리는 기분이 상한다. 이는 내가 주장하는 가치를 인정받지 못했고 상대방이 내가 누구인지 혹은 내가 주장하는 만큼 이 대화가 중요하다는 사실을 인정하지 않았다는 의미다. 이런 일이 벌어지는 것을 피하려면 새로운 관계를 시작할 때 상호성과 공정성의 규칙을 파악하고 지켜야 한다는 사실을 충분히 인식해야 한다. 이를 고려하면 가장 형식적이고 공식적인 접근법이 제일 안전할 수도 있다. 기분이 상하는 위험을 감수할 수 없는 국가 간의 외교 관계에서 극도로 형식을 따지는 것도 바로 이런 이유 때문이다. 공식적으로 지켜지는 형식은 양측 모두의 감정이 상하는 일을 방지할 수 있다. 그러나 규칙은 상황에 따라 바뀌기도 한다. 오랜 친구를 만났는데 그를 기억하지 못해서 매우 형식적으로 대한다면 그 친구는 내가 자신을 기억하지 못한다는 사실이 굉장히 불쾌할 수 있고, 기억을 하지 못한 나는 나대로 상당히 곤란할 것이다.

우리는 도움을 제안할 때 두 가지 중 하나가 일어날 것이라고 기대한다. 제안을 받아들인 상대가 도움을 받은 후 적절한 감사 표현을 하거나, 도움을 받아들이지 않아도 제안해줬음에 즉시 감사 표현을 하는 것이다. 제안받고도 아무 반응을 하지 않는 것은 적절치 못한 행동이다. 돕겠다는 제안을 받으면 그 제안을 받아들이고 고마움을 표시해야 한다. 그럴 수 없으면 즉시 거절하고 예의를 갖춰 감사 표현을 하거나 왜 제안을 받아들이지 못하는지 설명해야 한다. 감사 표현과 설명 두 가지를 다 하면 더욱 좋다. 제안을 받아들이건 받아들이지 못하건 제안에 대한 반응은 해야 한다.

우리는 모두 특정 상황에서 어떤 종류의 반응이 적절하고 공평한지 판단할 수 있는 학습을 해왔다. 상사가 제안한 도움이 필요 없다는 생각이 들더라도 다양한 상황을 고려해 여러 사람 앞에서 그의 제안을 받아들이는 것이 낫겠다는 판단을 할 때도 있다. 그러나 근처 술집에서 만난 상사가 형식을 덜 갖춰도 된다는 신호를 보냈다면 도움을 주겠다는 제안을 고맙다는 표현과 함께 거절할 수도 있다. 일본 문화를 예로 들어보면 이 부분을 더 잘 이해할 수 있다. 일본에서는 부하 직원들이 상사와 함께 술을 마시러 가는 일이 흔하다. 직장에서 맨 정신으로 말하면 기분과 체면이 상할 만한 피드백이라도 술자리에서는 서로 더 자연스럽게 하는 것이 허용되기 때문이다.

결론적으로 신뢰는 두 가지 사회경제학적 요소를 토대로 구축된다. 다른 사람을 신뢰한다는 것은 (1) 상호작용에서 상대방이 내가 요구하는 가치를 이해하고 받아들일 것이고, (2) 상대방이 내가 밝힌 정보로 나를 이용하거나 내게 불리한 행동을 하지 않을 것이라고 확신하는 일이다. 어떤 관계에서든 친밀도는 양측이 서로에게 자신을 더 드러내는 과정에서 상대방을 얼마나 신뢰할 수 있을지 판단하는 것이다. 이런 식으로 서로를 시험하는 과정은 한쪽 혹은 양쪽 모두가 더 이상 자신을 드러내면 이해받거나 받아들여지기 어려우리라는 생각이 드는 지점까지 계속된다. 한쪽이 두 번째 요소를 어기고 상대가 밝힌 정보를 이용해 그를 난처하게 만들거나 이를 통해 이득을 취하면 신뢰가 완전히 무너지고, 의사소통 수준은 초기의 표면적인 수준으로 돌아가거나 관계 자체가 끝나고 만다.

예를 들어, 나와 사적인 이야기를 많이 하면서 점점 관계가 깊어지던 친구가 있었다. 어느 날 그가 다른 사람에게 매우 폄하하는 태도로 내 이야기를 하는 것을 엿듣게 됐다. 그 후로는 그 친구와 쌓았던 친밀감을 다시 회복할 수 없었다. 이와 비슷한 예로, 어느 학교의 대규모 구조 개편을 성공적으로 돕고 있던 컨설팅 회사가 갑자기 계약 파기 통고를 받았다. 회사 직원 하나가 다른 직원에게 "재미있는 프로젝트이긴 한데, 이 학교 선생들이 좀 둔해"라고 말하는 것을 교사 한 명이 들었기 때문이었다.

지켜야하는 규칙과 도움의 역할

사회경제학은 삶이라는 무대를 반영한다. 무대에서 벌어지는 장면은 배우와 청중이 그 상황에 적절한 역할을 무엇이라 인식하는지에 따라 달라지는데, 이런 면은 도움 상황과 같다고 할 수 있다. 우리는 어릴 때부터 이미 짜여진 역할 관계의 각본을 익히고, 일련의 장면에 맞는 역할을 적절히 연기하면서 평범한 삶을 영위한다. 우리는 일상적인 사회적 상호관계의 흐름 속에서 이 학습 내용을 반영해 자신의 가치를 얼마나 주장할지, 어떻게 배우와 청중의 역할 모두를 적절하게 해낼지 판단한다. 연극 무대라는 은유가 우리의 사고를 얼마나 지배하고 있는지는 우리가 사용하는 용어를 살펴보면 분명해진다.

우리는 무대 배역을 연기한다는 것을 암시하는 표현과 단어를 많이 사용한다. '빈말을 하다, 속이다'라는 뜻의 영어 표현 'feed someone a line'에서 'line'은 연극 대사를 가리키고, 회의에서 맡은 '역^{role}'을 잘 해냈다든가 '시나리오'에 따라 잘 진행됐다고 할 때 모두 연극 무대를 배경으로 한 은유적 표현이 등장한다. 무대와 전혀 상관없는 상황임에도 누군가를 칭찬할 때 '박수를 보낸다', '상황이 어떻든 그 사람은 맡은 배역을 잘 해낼 거야' 하고 말하기도 한다. 뻔한 말을 하는 사람에게 '많이 들어본 곡조야'라고 핀잔을 주기도 하고, '북 치고 장구 치고 혼자 다 하네'라는 비아냥거림도 무대 위의 퍼포먼스를 은유하는 표현이다. '쇼'와 관련된 표현도 일상 대화에 자주 등장한다. '자기가 스타인 줄 아나 봐'라든가 '자, 쇼를 시작해볼까'라든가 '동정하는 척하다니, 쇼하고 있네', 뛰어난 프레젠테이션을 한 사람에게 명연기를 뜻하는 '쇼 스토퍼^{showstopper}'라는 칭찬을 한다든가 예상 외로 주목받은 사람을 가리켜 '주인공보다 더 주목을 끌었다'고 하기도 한다.

또 '정신 차리고 제대로 행동하라get one's acts together', '나이에 맞게 행동하라act one's age', '속임수에 넘어가지 말아라don't fall for someone's act', '타의 추종을 불허하다a tough act to follow', '왜 너답게 행동하지 않니?Why aren't you acting like yourself?' 등의 영어 표현에는 모두 '연기하다'라는 뜻의 'act'가 들어간다. '장면scene'이라는 표현도 연극에서 유래한 단어다. 우리는 '기분 전환을 하고change the scenery', '분위기를 조성하고set the scene'는 싶지만 '소란을 피우make a scene'거나 '주인공 자리를 빼앗let someone else steal the scene'고 싶지는 않다. '회의를 주도direct a meeting'했지만 '마땅히 받아야 할 관심을 다른 사람에게 빼앗긴 느낌feel upstaged'이 들어서 '다들 들으라는 듯 혼잣말speak in a stage whisper'로 '무대 뒤에서 무슨 일이 있었는지 궁금하군I wonder what was going on backstage' 하고 중얼거릴 수도 있다.

인생 최초이자 가장 중요한 역할 관계는 부모 자식 관계다. 어떻게 아랫사람 노릇을 하는지, 권위나 힘이 없는데도 어떻게 원하는 것을 얻는지, 그리고 가장 중요한 것은 공정하게 느껴지는 관계를 유지하기 위해 권위를 가진 쪽에 무엇을 줘야 하는지에 대한 학습은 여기서부터 시작해서 평생 계속된다는 점이다. 언제나 윗사람은 있기 마련이고 성장하면서 동료와 아랫사람을 대하는 방법도 배우게 된다. 그렇게 성인이 되고 부모가 된다. 어빙 고프먼은 이를 '존대와 처신'의 규칙이라 부른다. 나이가 더 어리거나 지위가 낮을 때 우리는 적절한 존대 방법을 배운다. 한편

부모와 상사는 자녀와 부하 직원들에게 존경을 받고 유지하려면 어떻게 처신해야 할지를 배운다. 예를 들어, 하급자는 상급자가 하는 말이나 행동을 끊으면 안 되지만, 그 반대는 괜찮다. 상사가 이야기할 때면 부하 직원은 적절한 자세로 흥미를 보이고 이해했다는 표시로 고개를 끄덕이는 등 자신이 주의를 기울이고 있다는 신호를 보낸다. 상사는 권위 있고 명확하게 의사소통을 해서 부하 직원의 존경심을 얻어야 한다.

문화적 규칙이 모호하거나 오해가 있으면 비극적 결과가 초래되기도 한다. 가령 남아프리카 공화국의 금광에서 백인 관리자들은 흑인 노동자들이 시선을 피하고 '절대 눈을 맞추지 않'았기 때문에 그들이 반항적이고 믿을 수 없다고 판단해서 처벌했다. 백인 관리자들이 오해했던 부분은 흑인 노동자들이 성장해온 부족 문화에서는 윗사람과 눈을 마주치며 똑바로 쳐다보는 것은 반항의 의미이며 절대 해서는 안 되는 행동이었다는 점이다.

부하 직원들은 비교적 편한 복장이 허용되지만 상사는 일반적으로 조금 더 형식을 갖춰서 입는 것, 다시 말해 격에 맞는 옷을 입는다. 우리는 상사와 면담할 때 그에 맞는 복장을 갖춰 입어 존중의 태도를 보여야 한다는 것을 배운다. 언제, 어떻게 존대를 할 것인지는 따지고 보면 사회 학습의 가장 중요한 영역 중 하나다. 상사가 캐주얼한 복장을 한다는 것은 부하 직원들과 공식적 위상의 격차를 좁히려는 의도적인 표현이라고 해석하도록 배운다. 하지만 상사가 그런 복장을 하고도 행동으로 직장 내 평등을 도모하겠다는 의도를 뒷받침하지 않으면 부하 직원들과의 관계에 있어 긴장도가 높아질 것이다. 부하 직원들은 상사가 친밀함을 이용하려 한다고 느낄 수 있다. 격분을 불러일으키는 직장 내 성희롱도 존대와 처신의 규칙 중 바로 이런 측면이 어긋나서 벌어지는 일이다. 엉덩이를 툭 친다거나, 포옹을 한다거나, 이성이나 위상 차이가 나는 상대에게 야한 농담을 하는 등의 행동은 공정하지 못하며 착취당한다는 느낌을 불러일으킨다.

위상이 높을수록 처신에 필요한 규칙은 더 형식적이고 구체적이다. 예를 들어, 중역 전용 화장실을 두는 이유는 언뜻 분명하지 않아 보인다. 하지만 그들에게는 부하 직원들을 만나기 전 몸과 마음을 가다듬을 수 있는 공간이 필요하다. 거기에 더해 위상과 사회적 가치는 함께 가는 것이고, 사회적 가치가 높을수록 그 사람은 더 신성시된다. 중역들은 뛰어난 인간 혹은 대단한 사람들이라는 고정관념이 있는데, 그런 존재를 일반 직원 화장실에서 맞닥뜨리리라고 예상하기는 힘들다.

권위를 누리는 위치에 있는 사람에게는 더 많은 형식이 요구될 뿐만 아니라 공적인 자리와 인간관계에서도 지켜야 할 규칙이 더 많다. 어린이들에게는 더 넓은 범위의 행동이 허용되지만,

부모와 상사들은 다양한 상황에서 해야 하는 적절한 행동 범위가 훨씬 제한된다. 유명 인사가 사적인 자리에서 욕을 한다거나 웃기는 행동을 하는 등 공식적인 위상에 맞지 않는 행동을 한 것이 알려지면 대중이 충격을 받는 경우가 많은 이유도 그 때문이다.

토머스 A. 해리스Thomas A. Harris는 1967년 펴낸 통찰력 넘치는 저서 《아임 오케이, 유어 오케이》에서 우리가 성인이 되고 나면 어떤 상황에 '아이'로 임할지, '어른'으로 임할지, '부모'로 임할지를 선택할 수 있다고 말한다. 평생 그 세 가지 역할을 어떻게 수행할 것인지 배워왔기 때문이다. 우리는 '아이처럼', '권위주의적으로' 혹은 '나이에 맞게' 행동할 줄 안다. 우리는 많은 경우 특정 상황에서 상대를 예상해 어떻게 행동할지 선택한다. 그가 누구인지, 어떤 성격일지, 상대와 나의 위상이 얼마나 차이가 나는지 등을 고려하는 것이다. 상대가 마치 부모 같은 태도로 우리를 대하면 공격성을 수동적으로 표현하는 어린아이처럼 행동해도 될 것 같은 느낌이 들 수도 있다. 결국 양쪽 모두 성숙한 태도로 상황에 임하는 게 훨씬 효과적일 확률이 높지만 말이다.

도움, 그것도 의도적인 진정한 도움이 최적의 균형을 이룬 성인과 성인 사이에서 가능한 일일까 의문이 들 수도 있다. 이런 관계는 설령 형식적인 지위나 위상의 차이가 존재한다 하더라도 이미 사전에 균형이 맞춰진 상태일 것이기 때문이다. 부모 혹은 자식 역할을 맡은 사람이 도움을 줄 경우, 이미 우월하거나 열등한 위치를 점하고 있기 때문에 도움 과정이 왜곡될 수도 있다. 부모가 자녀를 돕는 일은 도움으로 인식되기보다 부모 노릇으로 받아들여진다. 이때 도움을 주는 부모가 성인 역할을 수행한다면 좀 다른 결과, 어쩌면 더 나은 결과를 낼 수 있지 않을까 추측해볼 수 있다. "숙제 좀 도와주세요"라는 자녀의 요청에 "어디 보자, 이게 답이야"라는 반응(부모로서 가능한 답 중 하나) 대신 "무슨 고민이 있어?"라는 반응(성인으로서의 반응)을 보일 수도 있다. 같은 논리를 적용해서 자녀가 부모를 돕는 것을 우리는 무엇이라 부를까? 연로한 부모나 조부모를 돌보는 어린이에 관한 훌륭한 이야기가 많지만, 우리는 그런 도움을 당연히 기대할 수 있는 행동이 아닌 매우 드문 일로 생각하는 경향이 있다. 그리고 그런 행동을 하는 어린이들은 굉장히 성숙한 (성인의) 방식으로 행동한다고 생각해버리곤 한다.

일반적으로 도움을 주는 사람이 '부모처럼' 행동하면 도움을 받는 쪽은 상대가 윗사람 행세를 하면서 깔보고 가르치려 한다는 느낌을 받을 수 있다. 도움을 주는 쪽이 '자녀처럼' 행동하면 도움을 받는 쪽은 혼란스럽고 역할이 바뀌어야 하지 않을까 생각하게 된다. 문화권에 따른 차이는 무시하고 일반적으로 관계의 역동성을 묘사하자면 그렇다는 이야기다.

상황의 성격과 관련된 문화적 차이의 재미있는 예를 하나 살펴보자. 내가 엑손Exxon사의 유럽 자회사와 컨설팅 프로젝트를 진행하고 있을 때였다. 유럽에서 근무하다가 프로젝트를 위해 미국으로 출장 온 간부급 직원들은 뉴욕 본부에 갈 때 입을 짙은 색의 정장과 텍사스 본부에 갈 때 입을 청바지, 부츠, 캐주얼 셔츠 이렇게 완전히 분위기가 다른 두 종류의 옷을 따로 준비해왔다. 첨단 기술 스타트업에 가보면 존대와 처신에 관한 규칙이 전혀 없는 것처럼 보이지만, 실은 그저 규칙이 다를 뿐이다. 셔츠 소매를 몇 번 접어올릴 수 있는지로 위상을 표현하는 스타트업도 있다. 이런 조직 내의 의사소통은 전혀 격식이 없지만, 신입들은 더 높은 위상을 누리는 엔지니어나 소프트웨어 프로그래머들과 대화할 때 무엇이 허용되고 무엇이 허용되지 않는지를 배워야 한다.

주어진 상황에서 자신이 담당할 역할을 선택하는 데는 성격도 큰 몫을 한다. 의존도와 관련된 상황에서는 특히 그렇다. 예를 들어, 의존성이 강한 사람은 다른 사람이 리더 역할을 하는 게 공정하다 생각할 수도 있고, 의존하는 걸 싫어하는 사람은 자신의 반대 의사를 상대가 인정하고 존중해줘야만 공정하다고 생각할 수도 있다. 발전해가는 관계가 공평하고 공정한지 혹은 그렇지 않은지를 판단하는 데 개인의 성향과 선호 체계가 큰 영향을 끼친다는 점을 고려하면 먼저 자신을 잘 아는 것이 중요하다.

마지막으로 특정 관계가 특수한 상황에서 갖는 사회적 기능에 따라 적용되는 규칙도 달라진다. 예를 들어, 고객과 판매원과의 관계는 사적이지 않고 형식적이며 감정이 개입하지 않고 상호작용의 주된 목적이 매우 구체적이다. 친밀감에 대한 기대는 없지만 신뢰는 중요하다. 상호관계에 상대방을 믿을 수 있는지 판단할 수 있는 신호가 거의 들어 있지 않기 때문이다. 가게에 들어갔을 때 듣곤 하는 "어떻게 도와드릴까요?"라는 말은 판매원에게 의존하게 만드는 신호지만, 실은 그 판매원도 물건을 살지 말지 결정을 내리는 고객에게 의존해야 한다. 차를 사러 가본 사람이라면 대부분 자동차 판매원과 처음 대화를 하면서 '탐색전'을 벌여야 함을 알 것이다. 이 대화는 누가 누구에게 의존하게 될지를 결정하는 의례의 춤 같은 것인 경우가 많다. 물건을 효과적으로 판매하려면 고객의 필요나 욕구를 충족시킬 수 있어야 한다. 그런 의미에서 판매도 도움의 한 형태가 될 수 있고, 판매원은 고객이 자신의 도움을 필요로 하는 입장이 되도록 유혹해야 한다.

　　또 다른 범주는 이발을 하거나 손톱 관리, 마사지 등을 비롯해 도움을 주고받으면서 신체적 접촉을 해야 하는 서비스가 필요한 상황이다. 도움을 받는 사람이 필요로 하는 것은 구체적이고, 도움을 주는 사람의 역할 또한 명확히 규정되어 있으며 제한적이다. 관계는 공식적이고 양측 모두의 합의 아래 감정을 배제한다.

관계를 친밀하게 만들지 않는 상태에서 도움을 주는 쪽이 받는 쪽의 신체에 접근할 수 있는 허락을 받았기 때문이다. 도움 내용이 만족스러우면 관계가 조금 더 비공식적인 쪽으로 발전할 수도 있다. 단골 미용사나 퍼스널 트레이너가 생기는 것처럼 말이다.

도움을 구하는 쪽의 필요가 더 사적이고 구체적이라면, 다시 말해 법률가, 의사, 재무상담사, 성직자, 심리치료사 등의 도움을 구해야 한다면 상황은 더 복잡해진다. 처음에는 공식적인 관계로 시작하지만, 도움을 주는 사람의 전문 지식에 더 많이 의지하게 되면서 도움을 받는 쪽은 점차 취약해진다. 물건을 사거나 물리적 서비스를 받는 관계에서는 도움을 받는 쪽이 언제라도 이 관계를 중단할 권리가 있기 때문에 명확히 그쪽의 위상이 더 높다. 반면 도움을 구하는 쪽의 요청으로 시작된 공식적인 도움 관계에서는 도움을 주는 전문 지식을 가진 쪽이 더 높은 위상을 차지하게 된다. 바로 이런 이유로 이 범주에서 도움을 주는 사람들은 더 많은 훈련 과정을 거쳐야 할 뿐만 아니라 허가를 받고, 직업 규범과 윤리를 준수해야 한다. 공식적인 도움을 주도록 고용된 사람들은 도움을 받는 사람을 착취하고 이용할 수 있는 위치를 점하게 되기 때문에 공식적인 규칙과 내부 기준으로 제한을 받아야만 한다. 앞으로 살펴보겠지만, 이런 위상의 불균형 때문에 돈을 지불하면서 도움을 받는 쪽은 자기가 상대와 동등하거나 심지어 더

높은 위상을 가지고 있다는 허상을 지키려 한다. 체면을 유지하
느라 자신의 취약성을 인정하지 않는 것이다.

✓ 요약과 결론

사회가 작동하고 사회적 질서가 유지되는 데 필요한 비공식
적인 상호도움은 당연시된다. 모든 형태의 관계에서 체면 유
지에 필요한 규칙이 적용되고 일상에서 서로를 도울 때는 누
구나 존대와 처신의 규칙에 따라야 한다. 누군가가 너무 공격
적이거나 수동적으로 행동할 때, 곤란한 행동을 할 때 우리는
재빨리 부정하거나, 사과하거나, 혹은 상황으로부터 거리를
둠으로써 그 상황을 복구하려고 노력한다. 우리가 더 잘 이해
해야 하는 부분은 누군가가 명시적으로 도움을 구하거나 제
안함으로써 자연스러운 흐름에 제동을 걸었을 때 어떤 일이
벌어지는지다. 그러려면 도움 과정 자체에 주의를 집중해야
한다. 그 후 우리는 지금까지 살펴본 다양한 관계에 따라 서
로 다른 규칙이 적용된다는 사실을 이해함과 동시에 어떤 도
움 관계에나 공통적으로 적용되는 필수적인 역학관계가 무
엇인지 자문해야 한다는 사실을 깨닫는다. 신뢰가 도움에 필
수적인 요소라면 자동차 판매원 같은 사람을 신뢰하는 것에
는 어떤 의미가 있는가?

어떤 종류든 관계를 맺으려면 사회경제학과 체면 유지를 위한 문화규범을 세심하게 고려해 그 관계에서 양측 모두가 얻는 게 있고 공평하다고 느끼도록 배려해야 한다. 삶이라는 무대에서 자신의 체면과 다른 사람들의 체면을 모두 잃지 않도록 모두 각자의 배역을 잘 수행해야 한다. 우리는 자라면서 배우나 청중의 역할을 적절히 선택해야 하는 수많은 상황에 어떻게 대처해야 하는지 배운다.

각각의 상황에서 주장할 수 있는 사회적 가치는 관계의 종류와 그 상황에서 완수해야 하는 일에 따라 결정된다. 컴퓨터 전화 상담원이 개인적인 문제 해결에 도움의 손길을 내밀 것이라는 기대를 할 수 없고, 그들이 그 문제에 별 관심을 보이지 않는다고 기분 나빠 해서도 안 된다. 반면 도움이 필요한 개인적인 문제에 관해 이야기하고 싶다고 하면 친구가 주의를 기울여주리라는 기대를 할 수 있다. 만일 친구가 기대한 만큼의 관심을 주지 않는다면 기분이 나빠지고 앞으로는 그 친구에게 도움을 구하려 하지 않을 것이다.

이런 점들을 감안할 때 도움을 제공하려는 사람은 우리 모두가 참여하고 있는 사회라는 연극 무대와 사회경제학적 요소를 염두에 두고 지금 처한 상황에서 도움을 줄 때 사신이 어떤 역할을 할 것인지, 그리고 그 도움 관계를 공정하고 공평하게 맺으려면 어떤 사회적 화폐와 가치를 유지해야 하는지를 명확히 생각해야 봐야 한다.

마지막으로 우리는 모두 일상 속에서 도움 자체가 중요한 사회적 화폐라는 사실, 그리고 그 화폐를 적절히 다루지 못하면 불균형이 초래된다는 사실을 인식해야 한다. 언제, 어떻게 도움을 줄 것인지와 언제, 어떻게 도움을 받을 것인지를 알면 관계가 더 생산적이고 즐거워진다. 따라서 도움은 모든 사회적 행동의 기초를 이루는 일상적인 교환 과정인 동시에 가끔은 정상적인 흐름을 끊고 특별히 세심한 주의를 기울여야 하는 특별한 과정이기도 하다. 다음 장에서는 공식적인 도움을 요청할 때 따라오는 특별한 조건과 이 요청으로 인해 도움을 주는 사람과 받는 사람 모두 빠질 수 있는 함정에 대해 이야기해보자.

3

빠지기 쉬운
도움의 함정

위험한 도움의
역학관계

이제 도움을 주고받는 상황에 내재한 역학관계와 도움 관계를 정립하는 과정에서 맞닥뜨릴 수 있는 위험에 관해 생각해보자. 이번 장에서는 누군가가 도움을 요청하거나 도움을 제공할 때 드러나는 사회적 불공정과 역할의 모호함에 대해 탐색할 예정이다. 신뢰가 두터운 성숙한 관계나 일상적으로 비공식적인 도움이 오가는 상황 혹은 잘 굴러가는 효율적인 팀에서는 이런 역학관계가 잘 드러나지 않고, 많은 경우 도움 과정이 부드럽게 진행돼서 별로 눈에 띄지 않는다. 도움을 주고받는 것은 어린 시절부터 배운 과정이기 때문에 답례는 고개를 까닥이거나 고맙다고 말하는 등 다양한 인정의 신호를 통해 전해진다. 도움을 주는 사람과 받는 사람의 역할은 필요에 따라 물 흐르듯 자주 바뀐다.

관계나 팀이 장애물에 부딪히거나 예상치 못한 일이나 새로운 일이 벌어질 때 혹은 아예 아무런 관계가 존재하지 않을 때 우리는 도움을 주는 사람과 받는 사람의 역할을 의식하게 되고 사회경제학적 요소가 작동하기 시작한다. 이런 일은 비공식적인 상황에서 갑자기 도움을 구해야 할 때 벌어질 수 있다. 가령 길을 물어야 하거나, 양손에 물건을 가득 들고 있는데 뭔가가 떨어져서 누군가에게 주워달라고 부탁해야 하거나, 옆 사람에게 문을 열어달라고 요청해야 하거나, 운전 중 차선을 바꾸기 위해 뒷차에게 양보해달라고 신호를 보낼 때 등이 그 예다. 지금 겪고 있는 문제에 친구, 배우자의 조언이나 지지를 원할 때도 있다. 팀의 구성원으로 일하다가 역할을 재조정해야 하는 상황이 생길 수도 있다. 누군가에게 도움이 필요하다는 것을 깨닫고 즉흥적으로 도움을 제공해서 상대방을 놀라게 하거나 실망시키는 경우도 있다. 우리는 비공식적인 도움이 순조롭게 진행될 때 거기에 내재된 역학관계를 눈치채지 못한다. 그러나 실패하는 경우에는 혼란을 겪으면서 어리둥절해한다.

이런 역학관계는 일상적인 일과 엮이면 더 두드러진다. 면허, 전문 지식, 특별한 장비를 가진 전문가의 공식적인 도움을 구해야 하는 상황에 처할 수도 있고, 기술이나 미적인 문제에 관해 준공식적인 도움을 구해야 할 수도 있다. 첫 번째 범주에는 의사, 법조인, 컨설턴트, 성직자, 사회복지사, 코치 등 전문적으로 도움을 주는 직업을 가진 사람들이 속한다. 두 번째 범주에는 컴퓨터 전문가, 재무상담사, 인테리어 디자이너, 조경사, 시공업자, 판매원 등이 포함된다. 주로 잘못된 상황을 고쳐야 하거나, 어떤 목표를 이루기 위해 뭔가를 향상시키고자 하는 상황이 벌어졌을 때 우리는 도움을 구해야겠다고 마음먹는다. 먼저 공식·준공식적인 상황에서 벌어지는 경제적 문제와 역할 등을 고려한 다음, 그 문제들이 비공식적인 일상에 어떻게 적용되는지 살펴보자.

도움 요청과 자존심

    도움을 주고받는 상황에서는 본질적으로 관계의 균형이 깨지고 역할도 애매해진다. 도움을 구하는 사람은 감정·사회적으로 자신을 '한 수 아래'에 두게 된다. 무엇을 해야 할지 모르거나 그 일을 어떻게 해야 할지 모르는 상황은 위상과 자존감에 일시적인 타격을 준다. 다른 사람에게 충고, 치유, 보살핌, 부축, 지지,

심지어 모셔달라는 요청을 하는 것은 독립성을 상실하는 일이다. 길을 걷다가 휘청거리거나 넘어진 거의 모든 사람의 입에서 처음 나오는 말이 "전 괜찮아요"라는 걸 목격할 때마다 나는 놀라곤 한다. 다친 게 분명할 때마저도 갑자기 누군가에게 의존해야 하는 상황을 받아들이길 꺼린다. 극단적인 경우에는 심지어 모욕감을 느끼기까지 한다. 병원에서 도움을 받아 환자용 변기를 사용해야 할 때처럼 말이다.

성장이 독립과 동일시되는 문화권에서는 자신이 상황을 제어하고 있다는 느낌에 더 강하게 매달린다. 특히 그런 문화권의 남성들이 이런 특징을 흔히 보인다. 독립적이라는 말은 도움을 구하지 않아도 된다는 의미다. 도움을 필요로 한다는 것은 자존심 상하는 일이다. 미국에서는 '진짜 남자는 길을 묻지 않고 스스로 찾아낸다'는 농담을 자주 한다. 정서적 문제로 심리상담을 받는다는 사실을 감추는 사람도 많다. 컨설턴트를 찾는다는 것은 자신의 문제를 스스로 해결하지 못한다는 의미이기 때문이다. 이런 문화에서는 도움을 필요로 하는 사람에게 찍히는 낙인이 피고용인의 도움을 받는다는 사실을 인정하지 않거나 널리 알리지 않으려는 태도로 나타난다.

자신이 한 수 아래로 처진다는 느낌은 자신과 도움을 주는 사람과의 관계뿐만 아니라 직장 내 다른 사람과의 관계에서 더 강하게 느껴질 때가 많다. 많은 기업에서 컨설턴트의 도움을 구하는 것은 자기 업무를 스스로 해결하지 못한다는 사실을 인정하는 것으로 받아들이곤 한다. 나는 5년간 컨설턴트로 일하던 한 유럽계 기업에 분기마다 한 번씩 방문했었는데 가끔 중역 식당에서 식사를 했다. 거기서 이전에 다양한 프로젝트로 함께 일했던 중역들과 마주치곤 했지만, 그중 몇은 눈을 피하면서 나를 모르는 사람 취급하며 지나갔다. 나를 초대한 사람은 그 사람들이 나와 함께 시간을 보냈다는 것을 동료들에게 알리고 싶어 하지 않을 거라고 설명했다. 위상에 손상이 가기 때문이란다.

같은 종류의 감정은 정신과 전문의와 상담을 끝내고 나가는 환자와 대기실에서 기다리고 있던 환자 사이에 오가는 겸연쩍은 눈길에서도 관찰된다. 그래서 어떤 정신과 전문의들은 문을 두 개 만들어서 나가는 문과 들어오는 문을 분리하기도 한다. 이런 문화규범을 고려했을 때 가장 큰 문제는 도움을 구하는 일일 것이다. 도움을 구하는 사람이 한 수 아래로 처지게 되고 그 사람과 도움을 줄 가능성이 있는 사람 사이에 위상의 불균형이 생기기 때문이다. 정신과 전문의 어빙 얄롬Irving Yalom (1990)은 이 문제를 매우 잘 포착했다.

정신과 치료는 내적 모순으로 가득 차 있다. 의사가 환자를 치료하는 과정은 처음부터 양쪽 모두 치료를 위한 연맹 관계를 형성하고 그 연맹이 동등하거나 전면적이지는 않다는 이해를 기반으로 시작된다. 한쪽은 어려움을 겪고 있는데다 혼란스러워하는 경우가 많고 다른 한쪽은 그 문제와 혼란 뒤에 숨은 이슈들을 풀어헤치고 면밀히 검토할 수 있는 전문적인 기술을 사용할 것이라는 전제 하에 이 연맹 관계를 시작하기 때문이다. 거기에 더해, 환자는 치료를 제공하는 상대에게 돈을 지불한다. '치료'라는 단어 자체가 불평등을 암시한다. 누군가를 동등한 상대로 간주하고 '치료'한다는 것은 치료하는 쪽이 불평등을 극복하거나 마치 상대가 평등한 대상인 것처럼 행동하면서 그 불평등을 숨겨야 한다는 의미다.

도움주기의 권력

도움을 주는 역할을 맡게 된 사람은 즉시 더 높은 위상과 권력을 쥐게 된다. 글자 그대로 넘어진 사람을 일으켜준 경우나 상담사, 컨설턴트, 코치 등으로서 지혜와 전문 지식을 이용해 문제를 해결해달라는 요청을 받고 돕는 경우에는 상징적으로 도움을 받는 사람보다 한 수 위의 위상을 누리게 된다. 체면과 도움의 관계를 분석해보면 상대가 실제로 도울 수 있을지 없을지와 상관없이 도움을 구하는 사람은 도움을 줄 가능성이 있는 사람에게 권력과 가치를 부여하는 상황을 만든다. 이렇게 권력과 가치를 부여함으로써 관계의 불균형이 생긴다. 도움을 요청한 사람은 수동적이고 의존적인 청중 역할을 맡고 도움을 줄 가능성이 있는 사람에게는 배우 역할이 주어진다. 공이 갑자기 도움을 주는 쪽의 코트로 넘어간 것이다. 도움을 요청받은 사람은 그 공을 어떻게 해야 할까?

이 미묘한 뉘앙스를 인정하고 인식하는 일은 중요하다. 도움을 요청받은 사람이 상황을 이용할 가능성과 기회를 갖게 되기 때문이다. 도움을 주는 대신 무언가를 팔거나 다른 방식으로 상황을 이용할 수도 있다. 도움을 줄 수는 없지만 자기에게 주어진 권력을 이용해 이득을 취하고 싶은 유혹이 느껴질 수도 있다. 그렇게 제 손에 들어온 권력을 포기하고 겸손하게 "도울 수 있을지 없을지 모르겠어" 혹은 "도움을 주기가 힘들 것 같아"라고 말하는 것은 심리적으로 쉽지 않다. 도움을 줄 기회를 쥐고자 하는 유혹은 매우 강하다. 내 경우는 누군가가 컴퓨터 문제로 내게 도움을 구할 때 특히 강한 유혹을 느낀다. 심지어 도움을 구하는 사람보다 내가 더 아는 게 별로 없을 확률이 높다는 것을 알면서도 뛰어들어 도움을 주려 하고, 그러다가 어떨 때는 문제를 더 악화시키기도 한다.

상황을 복잡하게 만드는 또 다른 문제는 도움을 요청받은 사람에게 반응할 의무가 생긴다는 사실이다. 무대에 떠밀려 올라간 것이다. 관계를 형성할 수 있는 문이 열린 상황을 그냥 없었던 일처럼 만들어버릴 수는 없다. 도움을 주는 것은 문화적으로 사회 구성원의 의무이기 때문이다. 도움을 청한 사람은 부탁하는 행위를 통해 취약해졌고 어떻게든 균형이 회복돼야 하는 상황이 만들어진다. 예를 들어, 동료나 친구가 개인적인 문제에 관해 조언을 구한다고 치자. "잠깐 시간 좀 내줄 수 있어? 조언이 필요해……." 사회적 상호작용에 관한 문화적 규칙에 따르면 이런 요청을 받은 사람은 의미 있는 방식으로 반응해야 한다. "물론이지. 여기 잠깐 앉아서 이야기할까?" 혹은 "정말 그러고 싶은데, 조금 나중에 이야기해도 될까? 지금 꼭 해야 할 일이 있어서"라고 대답해야 한다. 두 반응 모두 도움을 구하는 사람의 필요를 인정하고 상대에게 진지한 관심의 대상이라는 위상을 부여해서 상황의 균형을 되찾게 만드는 답변이다. 그 관심이 체면을 세워준다.

도움을 구하는 사람의 요청을 무시하거나 상대하지 않는 태도는 그 사람의 기분을 나쁘게 한다. 그런 반응은 도움을 구함으로써 한 수 아래로 내려선 사람에게 그의 문제는 관심을 기울일 가치도 없다는 신호를 보내 떨어진 위상을 한층 더 강조하는 결과를 낳는다. 공식적인 도움을 구하러 간 의사나 법조인으로부터 거절당할 때 이런 '한 수 아래' 효과를 가장 강하게 느끼지만, 친구나 배우자에게 도움을 구했는데 돕지 않겠다는 신호가 돌아오는 것도 무척 아픈 경험이다. 주지할 점은 전문가들은 보통 우리가 도움을 구할 권리를 충분히 가지고 있다는 사실을 인정하고 동료를 추천하는 방식으로 거절의 영향을 완화하려고 노력하는 경우가 많은 것이다. 그냥 도움을 줄 수 없다고 거절하면서 돌아가라는 말을 듣는다면 정말 기분이 많이 상할 것이다.

요약하면 도움을 주고받는 초기에는 모든 관계가 불균형한 상태다. 도움을 받는 사람은 위상이 한 수 아래로 떨어져 취약해진다. 도움을 주는 사람은 한 수 위로 올라가면서 권력을 쥔다. 도움을 주고받는 과정이 잘못되는 원인은 많은 경우 초기의 이 불균형 관계를 인식하지 못하거나 제대로 대처하지 못하는 데 있다. 도움을 주고받는 관계를 그냥 막연히 받아들이지 않고 의식적으로 **구축해야** 하는 이유는 불균형 상태는 명확하게 드러나는 반면 그것을 개선하는 사회경제학적 방법은 명확하지 않기 때문이다. 도움을 주는 사람이나 받는 사람 모두 처음에는 무엇을 예상해야 할지, 그 관계를 위해 무슨 일을 해야 할지 잘 모른다. 전문가의 도움을 받는 경우에는 실제로 돈이 오가지만, 다른 모든 형태의 도움에서도 도움을 준 사람은 도움의 대가로 상대방에게서 가치 있는 무언가를 받을 것이라는 기대를 한다. 적어도 도움을 받은 사람은 받은 도움에 대해 감사 표현이라도 해야 한다.

초기에 생기는 권력의 불균형, 다시 말해 도움을 받는 사람이 도움을 주는 사람에게 의존해야 한다는 암묵적 동의와 양쪽이 서로 무엇을 기대해야 할지 애매한 상황은 불안과 긴장감을 자아내는데, 이를 해소하기 위한 노력이 필요하다(Schein, 1999). 이런 불안감은 각 관계의 성격과 상황에 따라 다양한 형태를 띤다. 업계에서 높은 위상을 누리는 상담가나 코치와 공식적으로 만나는 자리라면 존경을 표하면서도 무슨 말을 들을지, 무슨 일을 하라고 할지 약간 두려움을 느낀다. 같은 문제로 친구를 찾아간다면 폐를 끼치는 건 아닌지, 우정의 한계를 넘어서는 행동을 하는 건 아닌지 걱정하는 동시에 그 친구가 고민을 진지하게 받아들여주고 자신을 무시하거나 부탁을 거절하지 않기를 바란다. 다시 말하면 일단 도움을 청하면 불안감은 피할 수 없는 요소가 되고 만다. 이는 도움을 요청하는 사람과 도움을 요청받은 사람이 이전에 어떤 관계였는지와는 상관없다.

그런 불안감의 존재를 바로 인식하지 못하면 양쪽 모두 역기능적이고 방어적인 행동을 할 가능성이 있다. 긴장감을 즉시 해소하고자 나오는 감정적 반응들은 매우 정상적이다. 그러나 그 중 일부는 변화하고 있는 관계의 균형을 깨뜨릴 가능성이 있고 경우에 따라 이로 인해 도움을 주고받는 것이 더 어려워질 수 있다. 이런 감정적 반응은 도움을 구하는 사람이나 주는 사람 모두 쉽게 빠질 수 있는 함정이다. 공식적으로 도움을 구할 때는 함정을 식별하기가 더 쉽지만 이 같은 감정적 반응과 그에 따른 행동은 모든 도움 상황에서 찾아볼 수 있다.

도움을 구하는 사람을 위협하는 다섯 가지 함정을 먼저 살펴보자. 도움을 구하는 쪽을 먼저 살펴보는 이유는 도움을 주는 쪽이 초기 대응을 할 때 꼭 고려해야 하는 사항임에도 불구하고 감지하기 힘든 부분이기 때문이다.

도움 구하는 사람이 빠지는 다섯 가지 함정

1. 초기의 불신

저 사람에게 나를 기꺼이 도우려는 마음과 그럴 능력이 있을까? 조심스러운 마음이 드는 것은 정상적이고 자연스러운 감정이지만, 이 때문에 초기에는 도움이 필요한 진짜 문제가 무엇인지

숨길 가능성이 있다. 도움을 구하는 사람은 진짜 문제를 이야기하는 대신 상대방이 얼마나 적극적으로 반응하고 공감하는지 알아내려고 가상의 딜레마에 관해 슬쩍 이야기할 수도 있다.

- "아빠, 이 수학 숙제 좀 도와주시겠어요?"하고 묻는 아들은 아버지에게 더 심각한 개인적인 문제를 상의하고 싶지만, 어떻게 시간을 내달라고 부탁할지 잘 모를 수도 있다.
- "의사 선생님, 잠을 잘 못 자요." 밤에 심각한 불안 발작을 겪는 환자가 의사에게 이렇게 말하기도 한다.
- 기업 임원이 경영 컨설턴트에게 말한다. "우리 팀의 팀워크를 진작하는 데 도움이 필요합니다." 그러나 진짜 문제는 부하 직원 중 한 명을 불신하게 됐는데 어떻게 대처해야 할지 모르는 것일 수도 있다.

이 경우 도움을 주는 사람이 빠지기 쉬운 함정은 너무 서둘러 해결책을 향해 직진해버리는 것이다. 가상의 딜레마를 해결하는 데 급급한 나머지 진짜 문제가 무엇인지 알아낼 기회를 놓치고 만다. 가상의 문제를 해결하는 것은 관계의 균형을 되찾게 하는 효과가 거의 없다.

2. 안도

도움을 줄 수도 있는 누군가에게 마침내 문제를 털어놓고 나면 도움을 구하는 사람은 안도감을 느낀다. 그리고 안도감과 함께 상대방에게 기꺼이 의존하고 종속되길 원하는 경우가 많다. 하지만 문제를 해결하는 데 스스로의 노력이 필요한 경우, 이런 마음 상태는 함정으로 작용할 수 있다.

- "고민을 털어놓을 수 있어서 정말 기뻐. 이제 어떻게 하면 좋을까?"
- "누군가에게서 도움받을 수 있다는 사실을 알게 돼서 너무 기뻐."
- "내가 지금 무슨 일을 겪고 있는지 네가 이해해줘서 정말 좋아."

도움을 받는 사람의 참여 없이 당면한 문제를 해결할 수 있다고 하더라도 종국에는 도움을 받은 사람이 스스로 상황을 제어해야 한다. 도움을 주는 사람이 상대방의 의존성을 강화하면 할수록 나중에는 도움을 구하는 사람이 적극적인 태도를 취하기가 어려워진다. 영구적 의존성은 친척을 휠체어에 태우고 돌아다닌다거나 허리를 굽히기 힘든 사람을 위해 물건을 집어주는 등 일부 돌봄 상황에는 적합할 수 있다. 그러나 도움을 주고받는 상황의 목적 중 하나는 다음에 또 같은 문제가 벌어졌을 때 도움을 받은 사람이 스스로 문제를 해결할 힘을 기르는 것이다. 어떤 경우든 도움을 받는 사람의 의존도를 서서히 줄여가는 방향으로 관계가 발전해야 한다.

3. 관심, 안심시키는 말, 인정을 원하는 경우

상대가 표면적으로는 도움을 청하는 듯하지만 실제로는 완전히 다른 것을 원할 수 있다는 점을 기민하게 알아채야 한다. 도움을 구하는 사람의 말을 항상 곧이곧대로 받아들여서는 안 된다. 진짜 원하는 것을 단지 '도움'이라는 편리한 단어로 포장한 경우가 많기 때문이다. "내게 관심을 좀 기울여줘"라고 말하는 것이 사회적으로 적합하지 않기 때문에 도움을 청하는 방식으로 상대방이 관심을 쏟게 만들기도 한다. 도와달라는 요청을 받은 사람은 거기에 반응할 의무가 생기기 때문이다. 어떨 때는 도움을 구하는 사람이 이미 문제가 무엇인지 파악하고 해결책까지 알고 있지만 확인, 긍정적인 평가, 어쩌면 칭찬을 바라고 있을 수도 있다. 컨설턴트를 고용하는 조직에서도 이런 상황을 자주 목격한다. 프로그램을 개발해달라는 요청을 받은 컨설턴트가 일을 시작하고 보면 이미 적합한 계획이 수립되어 있고 단지 컨설턴트로부터 확신을 얻고 싶을 뿐인 경우도 많다.

- "이런 문제가 있는데, 자랑스럽게도 이렇게 해결했어요. 동의 하시죠?"
- "계획은 ＿＿＿＿＿입니다. 이렇게 진행하는 것이 맞겠지요?"
- "이 문제를 이렇게 해결했는데 평가 바랍니다."

이런 상황은 도움을 구하는 사람이 '한 수 아래'에 놓이는 것을 피하기 위해 취한 방식으로, 진짜 도움이 필요한 문제를 감추는 쪽을 선택했다는 위험이 있다. 도움을 주는 사람은 진짜 문제와는 상관없는 해결책을 암묵적으로 승인하지 않은 채 도움을 구하는 사람을 안심시키는 방법을 찾아내야 한다. 두 번째 위험은 도움을 청한 쪽이 언급한 해결책이 이 과정을 촉발한 문제를 해결할 방법이 아닌데도 도움을 주는 사람이 동의하는 경우다. 도움을 주는 사람이 그게 답이 아니라는 것을 감지하거나 엉뚱한 문제가 거론되고 있다는 것을 감지하면 다시 처음부터 대화를 시작해야 한다. 이 접근법이 통하지 않으면 사과하고 그 상황에서 물러나야 한다.

4. 분노와 방어 심리

도움을 구하는 사람이 상대방의 서툶을 노출시키고 싶어 하는 경우도 있다. 이런 반응은 도움을 주는 사람이 이미 너무 성급하거나 소용없는 조언을 하는 함정에 빠진 후에 나올 확률이 높다. 도움을 청한 사람은 도움을 준 사람을 끌어내려 관계의 균형을 되찾기 위해 상대방이 해준 조언에 흠이 많다거나 부실하다거나 이미 다 해봤는데 소용없다는 사실을 지적한다.

- "그건 불가능해. 왜냐면⋯⋯."
- "이미 생각해본 건데 소용없을 거야."
- "이해를 못하는구나. 상황은 그보다 **훨씬** 복잡해."

도움을 청하는 사람의 위상을 높이는 대신 도움을 주는 사람의 위상을 끌어내려 균형을 찾는 방식이다. 관계가 이렇게 변화하면 도움을 주는 사람이 방어적이고 논쟁적인 태도를 취하는 함정에 빠질 확률이 높아진다. 관련한 내용은 앞으로 살펴볼 예정이다.

5. 고정관념, 비현실적 기대, 그리고 인식의 전가

누구나 도움을 준 사람들과의 관계에 대한 경험이 있다. 그 경험은 도움을 구하는 사람의 감정과 인식에 영향을 준다. 지금 당장 도움을 주려는 사람을 중립적으로 판단하는 데 본질적인 문제가 따르는 것이다. 그러나 이런 편견은 처음에는 드러나지 않기 때문에 도움을 주는 사람은 관계가 진화하는 과정에서 상대가 가진 편견을 추론할 수밖에 없다. 도움을 받는 사람이 자신의 깊은 무의식 속 감정에 기반을 둔 누군가를 도움을 주는 사람에게 투영하는 경우도 있다. 그런 경우, 양쪽 모두가 처음에는 이 사실을 인식하지 못한다. 예를 들어, 도움을 주는 사람을 따뜻하거나 엄한 부모처럼 생각하거나 과거에 존경했던 혹은 싫어했던 선생님처럼 생각할 수도 있다.

도움을 받는 사람은 자기가 투영하는 누군가를 상대방이 하는 모든 일에 대한 기준으로 삼고, 발전해가는 관계의 질을 실제로 받은 도움이 아니라 그 고정관념을 토대로 판단할 위험이 있다. 가령 과거에 도움을 줬던 사람들이 항상 지지를 아끼지 않고 공감해줬다면 도움을 청한 사람은 누군가가 "아이고 불쌍해라, 정말 운이 없었구나"라고 말하는 대신 "조금 더 설명해줘", "그 일에 관해 어떤 조치를 취했어?"라고 묻는 것을 받아들이지 못할 수도 있다. 도움을 주는 사람은 과거를 기준 삼아 현재를 받아들이는 경향이 강한 인간의 특성을 고려해서 관계 초기에 도움을 받을 사람이 과거에 다른 사람에게 도움을 받은 적이 있는지, 있다면 어떤 식으로 받았는지 물어보면 좋다. 그렇게 해서 현재에 대한 기준을 조절할 수 있는 귀중한 정보를 얻는 것이다.

요약하자면 도움을 필요로 하고 도움을 청하는 것은 불편하고 불안한 상황을 조성해서 감정적인 반응을 이끌어낸다. 도움을 주는 사람이 이런 반응을 인식하지 못하고 부적절하게 대응하면 각자의 역할이 명확한 균형 잡힌 관계를 구축하는 일은 어려워질 수 있다.

도움 주는 사람이 빠지는 여섯 가지 함정

도와달라는 요청을 받거나 상대방에게 도움이 필요하다는 사실을 인지한 사람은 자동적으로 한 수 위의 위상을 차지하게 되고, 다양한 반응으로 이 위상을 이용하고 싶은 강한 유혹을 받는다. 그중 많은 반응이 특정 상황에 따라 정상적이고 적절할 수도 있다. 그러나 이런 반응은 도움을 주는 사람이 한 수 위의 위상을 차지하면서 나오기 때문에 관계에 문제를 초래하는 함정이 될 수도 있다는 사실을 양측 모두 잊지 말아야 한다. 다음에 설명하는 여섯 가지 행동과 감정적 반응은 모두 한 수 위를 차지했다는 느낌과 누군가 자신의 지혜를 필요로 하고 원한다는 느낌에서 나오는 것들이다.

1. 성급하게 조언하기

너무 성급하게 조언하면 도움을 구하는 사람의 위상을 더 끌어내린다. 이런 반응은 실은 다른 이야기로 자신을 시험하고 있을 가능성은 간과하고 상대방이 언급한 문제가 정말 도움이 필요한 문제라고 추정한 데서 나온 것이다.

- "아, 무슨 문제인지 알겠어요. 이렇게 해야 해요."
- "간단해요. 이렇게 하면 돼요."
- "그런 상황에서 내가 어떻게 했는지 알려줄게요."

공식·준공식적인 도움 상황에서는 대부분 실제 문제가 무엇인지 알아보는 데 일정 시간과 노력을 들여야 진짜 필요한 도움을 줄 수 있다는 사실을 알고 있다. 진짜 문제가 무엇인지 제대로 파악하기도 전에 성급하게 조언하는 함정에 빠지는 것은 대부분 친구, 배우자, 처음 보는 사람 등이 도움을 구하는 **비공식적인** 도움을 요청받았을 때다.

2. 방어적인 태도에 압력 넣기

도와달라는 요청을 받은 사람은 도움을 구하는 사람이 실제 문제를 털어놓았고 제시된 해결책을 실행에 옮길 기술과 능력이 있다고 추정하는 경우가 많다. 도움을 주는 사람이 이 함정에 빠지면 무엇이 됐든 이미 제안한 조언이나 해결책은 옳다고 여기며, 상대가 이해할 때까지 주장과 설명을 반복한다. 도움을 주는 입장에서는 실망스럽겠지만 이런 태도는 양측 모두에게 짜증과 좌절을 불러일으키고 관계 자체를 무너뜨리는 지름길이다.

- "내 말을 잘못 이해한 것 같아요. 다시 설명하자면……."
- "머뭇거리는 이유는 알겠는데, 왜 그 방법으로 해결할 수가 있냐면……."
- "내 말이 무슨 뜻인지 제대로 모르는 거 같아요. 나를 믿고 한번 해봐요."

한번 이런 식으로 반응하고 나면 물러나기가 더 힘들어진다. 물러나면 도움을 주는 사람이 체면을 잃는 것처럼 느껴지기 때문이다. 그래서 도움을 요청한 사람이 자기 말을 이해하지 못했다거나 도움을 필요로 하지 않는다거나 그 사람과의 관계를 유지하려는 노력을 더는 기울일 필요가 없다고 생각하고 싶어진다. 이 함정의 가장 흔한 예는 경영 컨설턴트가 의뢰 기업에게 권고 사항을 전달한 후 그 권고 사항이 실천으로 옮겨지지 않는 것 같을 때 고객을 설득하려고 노력하는 경우다. 자신은 문제라고 생각했던 것이 고객이 해결을 원하던 진짜 문제가 아니라거나 처음부터 균형 잡힌 관계를 구축하는 데 실패했을지도 모른다는 의심은 전혀 하지 않는다.

3. 문제를 받아들이고 과도하게 의존시키기

누군가가 도움을 주는 역할을 곧바로 받아들이고 강한 자신감을 보이면, 도움을 요청한 사람은 상대방이 도움이 될지 제대로 파악하기도 전에 의존하고 싶어진다.

- "무슨 말인지 알겠고, 내가 도울 수 있을 것 같아요. 자, 시작하지요."
- "문제가 뭔지 잘 알겠어요. 둘이 같이 이렇게 하면 될 거야."
- "당신이 이렇게만 하면 내가 도울 수 있어요."

겉으로 보면 이 반응들은 매우 적절해 보이지만 함정이 될 위험이 높다. 도움을 주려는 사람도 관계 초기부터 자신이 정말 도움이 될지 확신할 방법이 없는 마당에 완전히 우월한 입장이라는 사실을 단언하는 일이기 때문이다. 해결책을 찾는 데에는 도움을 구한 쪽의 적극적인 참여가 필요한 문제가 많으므로 도움을 구한 쪽이 느낀 초기의 의존성을 더욱 강화하는 것은 바람직하지 않다. 이 경우에도 앞에서 든 예와 마찬가지로 기업이나 조직과 일하는 컨설턴트가 제안이나 추천하는 데 그치거나 정서·문화적으로 무엇이 가능한지 제대로 파악하지 않은 채 무슨 조처를 취해야 하는지 지시하는 식으로 상황을 전적으로 장악했을 때 빠지기 쉬운 함정이다.

4. 무조건적인 지지와 확신 주기

어떨 때는 무조건인 지지가 적절치 않기도 하다. 도움을 구하는 사람의 종속적 위상을 강화하기 때문이다.

- "어머나, 정말 안됐네요. 굉장히 어려운 상황이군요."
- "네가 옳다고 생각하는 일이라면 뭐든 해도 좋아. 뭐가 됐든 난 네 편이야."
- "당신의 계획이 성공할 거라 믿어요. 하지만 실패한다 하더라도 당신 잘못은 아니에요."

이성적으로 상황을 판단하는 것과 도움을 구하는 사람이 무슨 말을 하든 지지하는 것 사이에서 섬세한 균형점을 찾아야 한다. 무조건적인 지지가 함정이 될 수 있는 이유는 (1) 도움을 주는 사람이 전문 분석가라는 강력한 역할을 맡게 되고, (2) 도움을 구하는 사람의 종속적 위상을 강화하며, (3) 이 시점의 관계 발전 단계에서는 도움을 구하는 사람이 완전히 솔직하게 문제를 털어놓지 않았을 가능성이 있기 때문이다. 세 가지를 이유를 고려하면 무조건적인 지지는 부적절한 반응일 수 있다.

　　조직 대상 컨설팅 프로젝트에서 특히 이런 함정에 빠지기 쉬운데, 보통 도움을 구한 쪽이 문제를 그룹 내적인 것으로 생각하고 그렇게 설명하기 때문이다. 이런 경우, 대부분 그 문제를 초래하는 진짜 원인은 고객과 그룹 사이의 관계일 확률이 높지만, 그 사실을 가려버리기 쉽다. 컨설턴트가 도움을 구한 고객에게 공감을 표하고 나면 고객 자신이 초래한 문제에 대한 책임을 지게 하기 어려워진다.

5. 도움 주기를 피하는 인상 주기

　　이 반응은 지금까지 언급한 것들 중 가장 알아차리기가 힘들다. 도움을 요청받은 사람은 상황을 객관적으로 보고 앞의 함정들에 빠지는 것을 피하려고 노력해야 한다. 하지만 이 과정에서 감정적으로 너무 거리를 둔 나머지 돕고 싶어 하지 않는 인상을 줄 수 있다는 사실을 의식하지 못할 때도 있다. 공식적이고 전문적인 도움이 오가는 경우에는 감정적 거리를 유지하는 것이 도움을 주는 쪽의 객관성을 유지한다는 이미지를 주기 때문에 적절하다고 간주된다. 그러나 친구들 사이에서 이런 식으로 감정적 거리를 둔다는 인상을 주면, "네 문제에 개입하고 싶지 않아"라는 뜻으로 풀이될 수도 있다. 도움을 요청받은 사람의 딜레마는 도움이 진정으로 필요하다면 도움 관계를 맺을 수 있도록 객관성과 개입 사이에서 중용을 찾는 일일 것이다.

- "흠, 어떻게 도울 수 있을지 모르겠는데."
- "잘 모르지만 이렇게 하면 어떨까?"
- "이 이야기는 좀 나중에 할 수 있을까?"
- "○○와 이야기해봤어? 그 사람이라면 도움을 줄 수 있을 거야."

이런 무심한 태도는 왜 보이게 되는 걸까? 도움을 요청받은 사람이 도움을 구하는 사람의 느낌과 경험을 더 깊게 들여다보고 나면 자신의 시각에 변화가 생겨 현재 누리는 한 수 위라는 위상과 권력을 포기하는 결과로 이어질 것이라는 심리를 의식적이든 무의식적이든 가지기 때문일 확률이 가장 높다. 도움을 주려면 자신도 영향을 받는 것을 허락해야 하고 그렇게 되면 상황을 보는 시각이 바뀔 수도 있다. 사실 기꺼이 영향을 받아들이겠다는 태도, 도움을 구하는 사람이 하는 말을 본질적으로 이해하고 당면한 문제에 대한 선입관을 포기할 수 있다는 태도는 관계의 균형을 회복하는 가장 효과적인 방법이다.

진심으로 귀를 기울임으로써 도움을 주는 사람은 도움을 구하는 사람에게 위상과 중요성을 부여하고 상황에 대한 상대방의 분석이 가치 있다는 메시지를 전달한다. 도움을 주고받는 일이 영향을 주고받는 일의 일종이라면, 상대가 주는 영향을 받아들일 용의가 있어야 자신도 그 사람에게 영향을 줄 수 있다는 원칙이 여기에서도 작동한다.

6. 고정관념, 선험적 기대, 그리고 투사

도움을 요청받은 사람은 과거 경험 때문에 함정에 빠지기도 한다. 도움을 청한 사람이 과거에 알던 누군가와 닮아서 무의식적으로 그 사람과 비슷하게 대우할 수도 있다. 심리치료사들마저도 호감이 가지 않거나 심지어 혐오감을 주는 환자를 치료하는 것이 얼마나 어려운지 토로하곤 한다. 그렇다면 중요한 것은 도움을 요청받은 사람이 긍정적이든 부정적이든 자기가 처음 보인 반응이 현실적이었는지, 그리고 그 반응이 도움을 줄 가능성에 궁극적으로 어떤 영향을 끼칠지 생각하는 데 시간과 에너지를 들일 용의가 있는지다.

예를 들어보자. 나는 상대방의 의존 정도에 민감하게 반응하는 경향이 있다. 오랜 경험상 나는 독립적이거나 의존적이지 않은 태도로 도움을 구하는 사람에게 더 잘 공감한다는 사실을 깨달았다. 매우 의존적인 사람의 경우, 그의 말을 경청하거나 거기에 긍정적으로 반응하기가 힘들다. 도움을 구하는 쪽이 축 처진 채 자기 문제를 쏟아낸 다음 "이제 어떻게 해야 할까요?" 하고 물으면 나는 불안해지고 가끔은 심지어 약간 화가 나기까지 한다. 그럴 때면 나는 "생각해본 대안이 있으신가요?" 혹은 "지금까지 어떤 시도를 해보셨나요?" 하고 반응한다. 그리고 상대방의 대답을 바탕으로 거기서부터 대화를 풀어나간다. 그러나 도움을 구한 쪽이 "아, 모르겠어요. 어떻게 해야 할지 그냥 알려주세요"라고 답하면 나는 더 거리를 두고 결국 도움을 줄 수 없다는 신호를 보내곤 한다.

도움을 요청받은 사람은 자신의 감정적 기질을 잘 이해하고 자기와 맞지 않는 도움 관계는 가능하지 않다는 사실을 인정할 준비가 되어 있어야 한다. 더 비공식적인 상황에서, 가령 만성적으로 너무 의존을 많이 하는 배우자가 "내일 입을 옷을 정하는 것 좀 도와줘"라고 했을 때 "당신이 결정해"라고 반응하는 것을 예로 들 수 있다. 이런 대응은 당장의 상황은 일단 종료시킬 것이다. 하지만 그 도움 요청 뒤에 정말로 해결해야 할 문제가 발생할 위험이 있다.

이 딜레마를 해결하는 한 가지 방법은 의존도가 높은 상대방에게 이렇게 말하는 것이다. "도와줄 수도 있지만 해결책을 찾는 데 당신이 좀 더 적극적으로 나서는 게 좋을 것 같아", "어떻게 해야 할지 말하는 게 불편해. 나는 당신과 입장이 다른데 내가 할 수 있는 말은 이럴 때 나라면 어떤 식으로 하겠다 정도에 불과하고, 그게 적절한 조언이 아닐 수도 있을 것 같거든."

관계의 균형 유지하기

도움을 주고받는 관계를 구축한다는 것은 앞에서 살펴본 함정을 인식하고, 피하고, 함정에 빠졌다면 그에 따른 손상을 복구한다는 의미다. 이 말은 도움을 받는 사람과 주는 사람이 나누는 최초의 상호작용을 도움을 주는 쪽에서 관리하면서 도움을 받는 사람의 위상을 높이고 양쪽 모두가 적절한 역할을 식별해 수행하는 데 초점을 맞춰야 한다는 뜻이다. 쉬운 일이 아니다. 도움을 주는 사람도 다양한 심리적 편견과 문화적 고정관념을 갖고 이 관계를 시작하기 때문이다. 도와달라는 요청 자체가 엄청난 힘을 부여받는 상황을 만든다. 도움을 구하는 사람에게 도움을 줄 수 있는 능력과 전문 지식, 이 상황을 이용해서 이익을 취하지 않을 것이라는 책임감, 가치 있는 무언가를 창출해낼 능력이 있다고 인정받은 것이기 때문이다.

상황을 더 복잡하게 만드는 것은 도움을 주는 사람은 자신이 상대가 원하는 것보다 훨씬 많은 것을 줄 능력이 있다고 생각하며 자기가 준 도움이 받아들여지지 않았을 때 실망감을 느낄 수 있다는 점이다. 전문적인 도움을 주는 직종의 사람들은 자기가 도울 마음과 시간이 있는데도 아무도 자신을 찾지 않을 때 좌절하고 실망한다. 이런 상황은 조직 내에서 일하는 컨설턴트들에게 흔히 벌어진다. 마침내 누군가 찾아오면 소위 '오버해서' 상대가 원하거나 필요한 것보다 훨씬 더 많은 도움을 주려는 실수를 범하기도 한다. 우리 집에 다니는 가사도우미는 동종 요법에 대한 지식이 매우 깊어서 늘 내게 맞는 음식이 무엇인지 알려주고 싶어 한다. 그게 도움이 되지 않는 이유는 음식 하나를 제안할 때마다 왜 그것이 내게 맞는 음식인지 장황하게 설명하기 때문이다. 결국 20여 분에 걸친 강의를 듣고 싶지 않아서 그녀를 피하는 지경에 이르렀다.

도움을 주는 사람은 해결책처럼 보이는 것을 도움을 받는 사람보다 훨씬 더 빨리 알아차렸다고 느끼는 경우가 많다. 그보다 더 나쁜 것은 상대방이 바보 같고, 일을 자꾸 그르치고, 뻔한 것을 보지 못하고, 말을 잘 못 알아듣는다는 생각이 들어 성급해지고 화를 내고 무시하는 태도를 보이는 경우다. 상대방이 그야말로 반짝이는 통찰력과 조언과 개입은 거의 완전히 무시하는 반면, 늘 하는 질문이나 코멘트가 엄청나게 도움이 됐다니 이해도 안 되고 화만 난다. 어떻게 하면 도움이 될까 깊이 고민해서 만들어낸 이론이나 모델이 있지만, 결국 가장 큰 변화를 가져오는 것은 신중하게 계산된 행동보다 우연히 한 말이나 행동인 경우가 많다.

✅ 요약과 결론

도움을 주고받는 상황이 시작될 때는 관계의 균형이 깨진 상태여서 도움을 구하는 사람이나 주는 사람 모두가 이 불균형에서 초래된 함정에 빠지기 쉽다. 따라서 도움 관계를 성공적으로 구축하기 위해서는 도움을 주는 쪽이 상대방의 위상을 높여줘야 한다. 무엇보다도 먼저, 도움을 주는 사람이 양쪽모두의 역할을 명확히 할 필요가 있다. 즉, 도움을 주는 사람에게 역할을 선택할 권한이 주어지는데 간과하기 쉬운 부분은 이때 한 선택이 관계에 장기적인 영향을 끼친다는 사실이다. 이 부분을 다음 장에서 살펴보자.

4

도움을
잘 주는 법

성공적인
도움을 위한 관계 만들기

　도움을 주고받는 이들의 관계는 적절한 역할과 위상이 확립되지 않은 채 모호하게 시작된다. 그래서 도움을 주는 사람이나 받는 사람 모두 자신의 정체성을 형성하고 역할을 선택해야 한다. 의사나 컴퓨터 전문가를 찾아갈 때처럼 공식적인 역할이 명확할 때마저도 이 모호함은 사라지지 않을 때가 많다. 처음에는 도움을 청하는 쪽이나 주게 될 쪽 모두 필요한 정보를 다 알지 못하기 때문이다. 양쪽 모두 이 무지를 노골적으로 인정하는 경우는 거의 없다. 하지만 이 사실을 무시하면 앞에서 언급한 수많은 함정에 빠지기 쉽다.

도움을 구하거나 제안하는 상황에서 유일하게 모호하지 않은 부분은 도움을 청한 쪽이 한 수 아래의, 도움을 요청받은 쪽이 한 수 위의 위상을 누린다는 점뿐이다. 이 사실을 양쪽 모두 의식하지 못할 수도 있지만, 상황이 어떻게 전개될지 모른다는 불안감은 누구도 피할 수 없다. 성공적인 도움 관계를 형성하려면 무엇을 모르는지부터 파악해서 무지의 영역을 서서히 없애는 방법으로 불균형을 해결해야 한다.

　도움을 주고받는 관계 초기에는 양쪽 모두 모르는 것이 엄청나게 많다. 하지만 정보의 필요성을 인식하고 처음부터 적절한 말과 행동을 하면 필요한 정보를 매우 신속하게, 심지어 첫 몇 분 사이에 얻기도 한다. 예를 들어, 누군가가 길을 묻는 정말 간단한 도움 상황에서도 내가 모르는 것과 도움을 구하는 사람이 모르는 것에 관해 잠시 생각해보는 시간을 가지는 게 좋다. 이렇게 서로 모르는 부분을 이해하고 나면 문제를 해결하는 데 적절한 역할을 선택할 수 있다.

도움 주는 사람이
알아야 할 다섯 가지

1. 도움을 구하는 사람이 내가 알려주는 정보나 조언 혹은 질문을 잘 이해하는가?

보스턴에서 길을 묻는 사람은 매사추세츠 애비뉴나 MIT 다리 혹은 로터리가 무엇인지 알고 있을까? 컴퓨터 전문가는 고객이 커서나 아이콘 등의 용어에 익숙한지 알까? 녹음된 전화 설명 시스템은 "우물 정#자를 누르세요"의 뜻을 고객이 이해하는지 고려하지 않는다. 처방한 약을 '식사 후 복용'하라고 지시하면서도 의사는 환자가 어떤 패턴으로 식사하는지 모를 수 있다. 기업 컨설턴트가 경영진에게 부하 직원들을 의사 결정 과정에 더 많이 참여시키라는 조언을 하면서도 경영진이 '참여'의 진정한 의미를 이해하고 있는지 모른다.

2. 도움을 받는 사람은 도움을 주는 사람의 권고를 따르는 데 필요한 지식과 기술을 가지고 있는가?

테니스 코치가 "무릎을 더 구부리세요"라고 했을 때 학생이 실제로 그렇게 할 수 있을까? 의사에게서 "긴장을 푸세요"라는 말을 들은 환자가 그 조언을 따를 수 있을까? 기업 컨설턴트가 경영진에게 동료 및 부하 직원과 명확한 의사소통을 하라고 조언해도 그 사람이 이에 필요한 기술을 가지고 있는지는 알지 못한다.

3. 도움을 구하는 사람의 진정한 의도는 무엇인가?

아내가 남편에게 "이 원피스 입으니 예뻐?" 하고 묻는 것은 사실 "당신, 아직도 나 좋아해?"라는 의미일 수 있다. 비뇨기과 의사에게 빈뇨 상담을 하는 환자가 진짜 도움을 구하고 싶은 내용은 발기부전일 수도 있다. 이는 기업 컨설턴트에게는 가장 큰 무지의 위험이 도사린 분야이기도 하다. 특히 처음 의뢰를 한 고객이 다른 부서의 문제를 진단해달라고 요청할 때는 더욱 그렇다.

4. 도움을 구하는 사람의 전후 상황은 어떤가?

도움을 요청받은 사람은 도움을 구한 사람이 맺은 다른 관계들, 소속 집단, 문화적 제한 요소 등에 대해 알지 못한다. 한 예로 기업 컨설턴트가 조직 구성원들에게 새로운 방식으로 의사소통과 지휘 감독을 하라는 훈련을 시키고, 훈련에 성공한 후에도 그 조직의 문화규범이 새로운 방법과 맞지 않아 결국 예전 방식으로 돌아가는 경우가 많다. 이와 비슷하게 가족치료사가 새로운 행동 방식을 제안해도 가족 내 규범 때문에 실천에 옮겨지지 않는 경우가 빈번하다. 소비 습관을 바꿔야 한다는 재무상담사의 조언에도 불구하고 뿌리 깊은 개인적 성향 때문에 바뀌지 않는 것도 이에 해당한다.

5. 도움을 구하는 사람의 이전 경험이 어떻게 기대, 고정관념, 두려움 등을 형성하는가?

이 부분은 전문적인 도움을 주고받는 상황에서 특히 문제가 된다. 도움을 청한 사람이 심리치료 혹은 상담을 하는 동안 어떤 일이 벌어질 것이라는 무의식적인 선입관을 갖고 있으면 불안감과 방어적인 태도를 보일 수 있다.

도움을 주고받는 상황에서는 앞에서 거론한 함정이 곳곳에 도사리고 있을 뿐만 아니라 굉장히 모호하기도 하다. 따라서 도움을 주는 사람이 가장 먼저 해야 할 일은 도움을 구한 사람의 떨어진 위상을 다시 올려주는 동시에 그 사람에 대한 중요한 정보를 확보하는 것이다.

도움 구하는 사람이
알아야 할 다섯 가지

도움을 구하는 사람도 주는 사람 못지 않게 모르는 것이 많다. 도움이 필요한 사람은 도움을 구하기 전에 상대방에 관한 정보를 얻는 것이 가능하다. 특히 공식적안 도움을 구하는 상황이라면 추천을 받아 도움을 줄 사람을 찾는 경우가 많다. 그러나 갑자기 도움을 주겠다는 제안을 받았다면 다음과 같은 무지의 영역을 없애는 방법을 찾아야 한다.

1. 도움을 주는 사람이 돕는 데 필요한 지식과 기술, 동기를 가지고 있는가?

주유소에 딸린 편의점에 들어가서 길을 묻는데 점원이 영어를 하지 못하거나 이사 온 지 얼마 안 돼서 동네 지리를 전혀 모르는 사람이었던 경우가 얼마나 많은가? 도움을 구한 상대로부터 너무 바쁘다거나, 도울 수 없다거나, "나중에 이야기하자"는 이야기를 들은 적 또한 많을 것이다. 더 공식적인 도움을 주는 치료사, 코치 혹은 법조인 등은 도움 요청에 어떤 식으로든 반응해야 한다는 사실을 잘 알고 있다. 그래서 요청을 받아들이거나 그렇게 하지 못할 때는 다른 사람을 추천하는 식으로 양쪽의 체면을 유지한다. 도움을 청한 쪽은 제대로 발전하지 못할 관계에 너무 많은 시간과 노력을 투자하는 일을 피하려면 도움을 주는 사람에 대해 먼저 확인해야 한다.

2. 이 사람에게 도움을 구하는 것이 어떤 결과를 가져올까?

누군가에게 길을 물었는데 설명을 해줄 뿐만 아니라 직접 데려다주겠다며 팔짱을 끼고 함께 걸어간 적이 있는가? 내가 도움을 구하는 컴퓨터 전문가는 단순한 정보를 묻는 질문을 해도 그 대답을 하기 전에 먼저 컴퓨터가 어떻게 작동하는지에 관한 길고도 상세한 설명부터 한다. 그런 다음 앞으로 같은 질문을 하는 것을 방지하려고 필요한 몇 가지 훈련을 곁들인다. 그럴 때면 내가 이해하지도 못하는 정보와 내가 구하지도 않은 도움을 어떻게 받아들여야 할지 모르겠다. 도움을 구하는 사람은 자신의 한계를 알고 있다. 따라서 관계가 너무 깊어지기 전에 상대가 기대하는 개입의 정도에 관한 정보를 알아내는 것이 좋다.

3. 도움을 구하는 사람은 도움을 주는 사람이 이 상황을 이용해 무언가를 팔거나 적절치 못한 간섭을 하지 않을 것이라고 신뢰할 수 있는가?

유능한 판매원은 잠재적 고객을 위해 무언가를 해주면서 관계를 시작한다. 판매원이 뭔가를 해주면 신세 진 느낌이 들고 그에게서 물건을 살 확률이 높아진다. 대부분 신세 지는 느낌이 싫어서 일부러 도움을 구하지 않거나 상대를 시험하려고 진짜 문제가 아닌 다른 것을 물어본 경험이 있을 것이다. 전문적인 도움이 필요한 사람은 관계가 발전함에 따라 주관적인 평가를 하는데, 치료사나 코치 혹은 경영 컨설턴트와 몇 번을 만난 후 상대가 실제로 뭔가를 팔려고 한다는 사실을 발견하면 크게 실망한다.

4. 도움을 주는 사람이 제안해준 것을 해낼 수 있을까?

나는 길을 묻거나 컴퓨터에 문제가 생겼을 때 도와주는 사람이 내가 알고 싶어 했던 내용이나 기억할 수 있는 것 이상을 말하면 어떻게 반응해야 할지 잘 모르겠다. 다시 한번 말해달라고 할까? 아니면 시간이 더 들더라도 받아 적어야 할까? 지도를 보여달라고 해야 할까? 상대방은 친절한 마음으로 도움을 베풀고 있지만 내 능력으로는 이해하지 못하거나 실행하지 못하겠을 때는 어떻게 해야 할까?

한번은 사위에게서 새로 산 핸드폰 사용법을 배우고 있었다. 그는 핸드폰을 손에 들고 '메뉴' 버튼을 눌렀다. 그다음 화면을 스크롤해 내려가 여덟 개 선택지 중 하나인 '주소록'을 찾아 중간에 있는 검은 버튼을 누르고, 화면에 뜬 이름 리스트에서 내가 찾고 있던 이름을 찾아 초록 버튼을 눌렀다. 그러자 전화가 걸렸다. 하지만 그 방법에는 두 가지 문제가 있었다. 나는 그 사람과 통화를 하려던 것이 아니라 그냥 번호를 적어두고 싶었고, 내 전화에서 그 사람의 이름을 찾기는 했지만 원하는 번호를 찾는 방법은 여전히 배우지 못했다. 첫 두 단계를 직접 해보지 못했기 때문에 메뉴와 주소록을 어떻게 찾는지 이미 잊어버린 것이다.

5. 도움에 대한 재정·감정·사회적 비용은 얼마나 될까?

낯선 사람이 내가 가고자 하는 목적지까지 나를 데려다주고 짐도 들어줬다면 어떻게 보답해야 할까? 중요한 사적인 문제를 해결하는 데 도움을 준 친구에게는 어떻게 은혜를 갚는 게 좋을까? 도움을 받은 사람이 지는 보답의 부담에 대해서는 다양한 이야기에 많이 나와 있다. 도움과 호의를 받아들인 사람이 시간이 흐른 후 어떻게 되갚아야 하는지, 상황이 여의치 않더라도 꼭 보답을 해야 하는 이유를 극적으로 보여주는 이야기들 말이다. 마피아 이야기에 나오듯 도움을 주는 사람이 권위를 누리는 자리에 있으면 이런 식의 빚이 많이 누적된다. 공식적인 도움을 구하는 상황에서는 도움을 받고 돈을 지불하는 방식으로 모호함을 줄이고 사회적 빚이 쌓이는 것을 최소화한다.

도움을 주게 될 사람이 직면하는 딜레마는 명백하다. 도움을 주는 사람이 알지 못하는 영역이 있는 것은 당연하지만, 그와 동시에 도움을 요청한 사람도 알지 못하는 영역 때문에 고생하고 있을 수도 있다는 사실을 인식해야 한다. 따라서 도움을 주는 사람은 관련 정보가 잘 공유되도록 적절한 역할을 선택해야 한다.

관계에 따른 역할 선택

도와달라는 요청을 받은 사람이 즉시 보일 수 있는 반응은 기본적으로 세 가지다. 도움을 주는 쪽이 일반적으로 취하는 이 역할들은 관계를 어떻게 예상하는가에 따라 선택할 수 있고, 이후 관계에 서로 다른 영향을 끼친다(Schein, 1999). 도움을 주는 사람은 법조인이나 의사처럼 공식적인 관계에 따라 어떤 종류의 도움이 필요한지 정확히 명시된 경우에도 관계가 시작될 때 자기가 어떤 역할을 수행할지 선택해야 한다. 이것이 직업이 아니라 역할이라는 사실은 아무리 강조해도 지나치지 않는다. 우리는 모두 각각의 역할을 수행할 능력을 지니고 있고, 상황에 맞는 역할에 따라 끊임없이 변신을 한다.

도움을 주는 사람은 이 세 가지 중 하나의 역할을 선택할 수 있다.

1. 정보 혹은 서비스를 제공하는 전문가 역할
2. 진단과 처방을 하는 의사 역할
3. 공정한 관계를 구축하고 어떤 종류의 도움이 필요한지 명확히 알아내는 데 집중하는 과정 컨설턴트 역할

첫 두 역할인 전문가와 의사 역할은 어느 정도 겹치는 부분이 있고 매우 익숙하다. 사실 도움을 주는 사람을 전문가 혹은 의사로 떠올리는 문화적 고정관념까지 있다. 어떻게 보면 특히 서구 사회에서는 이 역할에 대한 과도한 학습이 이뤄져서 자동적으로 이들에게 높은 가치를 부여한다. 과정 컨설턴트 역할은 잘 드러나지 않고 애매하다. 과정 컨설팅은 처음에는 도움이 필요한 내용이나 문제 자체보다 도움을 주고받는 인간관계 과정에 초점을 맞춘다. 과정에 초점을 맞추는 것 또한 신뢰가 돈독하고 친밀한 관계를 만드는 데 꼭 필요한 요소라는 것을 우리는 일찍부터

배워서 알고 있다. 서로를 액면 그대로 받아들이는 것이 관계를 유지하고 사이를 더 깊어지게 하는 데 중요하다는 것도 배운다. 그런데도 모든 도움 상황에서, 특히 친구나 배우자 사이처럼 감정이 끼어들기 쉬운 상황에서 우리는 방금 언급한 것들을 적용하지 않으면 신뢰 쌓기가 힘들다는 점을 자주 간과한다. 다시 말해, 우리는 사회 속에서 성장하면서 필요한 각각의 역할을 수행하는 방법을 배웠지만, 그 역할에 깃든 추정들을 자세히 들여다봐야만 과정 컨설턴트 역할이 초기에 구성원이 가진 무지의 영역을 파악하고 그것을 없애는 데 매우 중요하다는 것을 알 수 있다.

1. 전문가 역할: 정보나 서비스 제공

이 역할은 '돕는다'고 할 때 가장 일반적으로 떠올리는 역할이다. 도움을 주는 사람은 도움을 구하는 사람이 스스로 찾을 수 없는 정보나 전문적인 서비스를 원한다고 추정한다. 길을 묻는 간단한 일부터 복잡한 조직적인 문제를 해결하기 위해 비용을 지불하고 경영 컨설턴트를 고용하는 일에 이르기까지 모두 적용되는 추정이다. 개인적인 문제에 대한 조언을 얻기 위해 전문가를 찾아가는 상황도 포함된다. 도움을 요청받은 사람이 누리는 위상과 권력은 그가 가진 지식과 기술이 도움을 구하는 사람의 문제를 개선할 수 있으리라는 추정에서 기인한다는 것이 이 역할의 핵심이다.

조직이나 경영 컨설팅은 도움을 줄 전문가를 고용하며 시작된다. 도움을 구하는 사람은 보통 경영자 개인 혹은 조직 내 일부 그룹의 대표자로, 문제 해결에 무엇이 필요한지 식별한 후 조직 내에는 그 필요를 충족할 재원도 시간도 없다는 결론을 내린다. 그런 다음 필요한 정보나 서비스를 제공해줄 컨설턴트를 찾아 고용하고 대가를 지불한다. 예를 들어, 경영자는 특정 부류의 소비자가 어떻게 느낄지, 직원들이 새로 도입한 인사 정책에 어떻게 반응할지 혹은 특정 부서의 사기가 어느 정도인지 알고 싶을 수 있다. 고용된 컨설턴트는 인터뷰나 설문지를 통해 조사하고 데이터를 분석한다.

이 역할이 실제 도움이 될 수 있을지는 다음의 전제 조건에 달려 있다.

1. 도움을 구한 사람이 문제를 정확히 진단했는가?

2. 도움을 구한 사람이 도움을 줄 사람에게 문제를 제대로 설명했는가?

3. 도움을 구하는 쪽은 도움을 줄 사람이 필요한 정보나 서비스를 제공할 능력이 있는지 정확히 평가했는가?

4. 도움을 구한 사람은 도움을 줄 사람이 필요한 정보를 취합하는

것을 용납하고 상대방이 추천한 변화를 실행에 옮길 용의가 있는가?

5. 객관적인 검토 후 도움을 구한 사람이 이용할 수 있는 외부 정보가 있는가?

다섯 가지 조건이 모두 충족되고, 모르는 부분을 완전히 제거하고 나면 전문가 역할을 잘 수행할 수 있다. 우리는 자신에게 필요한 것이 무엇인지, 도움을 줄 사람이 어떤 정보나 서비스를 제공할 수 있을지 제대로 예측해서 수리공, 약사, 재무상담사를 비롯한 다양한 분야의 전문가에게 도움을 받는다. 비공식·준공식적인 도움 상황에서도 도움을 주는 사람은 전문가 역할을 하는 경우가 많다. 그러나 그런 상황에서도 앞에서 설명한 조건 중 몇 개가 충족되지 않으면 크게 잘못될 가능성이 있고, 그 결과 도움을 주는 사람이나 받는 사람이 이전 장에서 언급한 함정에 빠질 수 있다.

도움을 주는 사람이 시작부터 전문가 역할을 맡았는데 생각보다 문제가 복잡한 경우 성공 확률은 낮아진다. 복잡한 조직 상황에서 도움이 되는 정보나 서비스를 효과적으로 제공하려면 앞에서 언급한 조건 중 얼마나 많은 부분을 충족시켜야 할지 생각해보자. 도움을 구한 사람이 조직 컨설턴트나 경영 컨설턴트에 대한 불만이 많고, 제안받은 해결책을 실행에 잘 옮기지 않는 이유도 쉽게 짐작이 간다.

도움을 주는 사람이 전문가 역할을 수행하기 시작하면 도움을 구하는 사람은 상대에게 더 많은 힘을 내준다는 사실에 주목해야 한다. 도움을 주는 사람이 도움을 구한 사람을 대신해 관련 정보를 찾고 전문 지식을 제공해달라는 의뢰를 받은 후 수임을 하고 나면 도움을 구하는 사람은 도움을 주는 사람에게 의존하게 된다. 전문가들은 자기가 잘 알고 잘하는 방향의 지식과 정보만을 제공하는 경향이 있다. 망치를 쥔 사람에게는 온 세상이 못으로 보이기 마련 아닌가. 따라서 도움을 받는 사람은 어떤 정보나 서비스가 실제로 도움이 될지에 관해 호도당할 위험이 있다. 물론 도움을 받는 사람이 이해하고 사용할 수 있는 정보가 제공될 것이라는 스스로의 약한 추정 또한 존재한다.

예를 들어, 조직이나 기업에서는 컨설턴트에게 직원들이 특정 이슈를 어떻게 생각하는지 혹은 직원들 사이에 어떤 문화가 존재하는지 이해하기 위한 설문조사를 자주 요청한다. 다른 논문에서도 주장한 바 있지만(Schein, 2004), 나는 문화와 같은 개념은 설문조사라는 도구로 측정할 수 있는 것이 아니므로 경영인이 얻게 되는 것은 실제 데이터가 아닌 정보로 위장한 의견일 뿐이라고 생각한다. 미적이거나 윤리적 혹은 도덕적 이슈에 관해 도움을 구할 때도 같은 위험이 따르기에 주의해야 한다. 전문가들은 스스로 '지식'이라고 생각하는 것을 제공할지 모르지만, 도움을 받는 사람에게는 그 정보가 논란의 여지가 많을 수도 있고, 다른 전문가는 다른 의견을 가지고 있을 수도 있다는 사실을 염두에 둬야 한다.

그렇다면 중요한 것은 도움을 주는 사람이 전문가 역할을 수행하는 적절한 시기다. 도움을 구하는 사람이 도움을 줄 사람이 가진 정보 혹은 정보 취합 능력에 대해 확신할 때가 아마도 적절한 시기일 것이다. 그러나 그런 상황, 가령 현지인에게 길을 물을 때조차도 혼란스럽고, 복잡하고, 이해할 수 없고 심지어 잘못된 정보를 얻게 되는 때가 놀랍게도 너무나 많다. 도움을 주는 사람도 누군가가 묻는 길을 실은 잘 모르는 경우가 굉장히 자주 있다. 따라서 나는 도움을 주고받는 상황 초기에는 도움을 주는 사람이 전문가 역할을 하는 게 적절하지 않다고 생각한다.

2. 의사 역할: 진단 및 처방

전문가 역할을 연장하고 확장한 것이 의사 역할이다. 도움을 구하는 사람은 도움을 줄 사람이 정보와 서비스를 제공할 뿐만 아니라 진단과 처방까지 해줄 것을 기대한다. 이 경우에도 도움을 구하는 사람의 기대와 상관없이 도움을 주는 사람은 그 역할을 맡을지 선택할 수 있기 때문에 더 많은 권력을 갖게 된다.

일상적으로 병원에 가고, 심리상담사나 코치를 찾고, 다양한 분야의 수리 전문가들을 찾는 생활을 하면서 우리는 이 역할을 많이 보게 된다. 경영인들은 특정 문제를 진단하고 해결하기 위해서 혹은 조직 내에서 제대로 기능하지 않아 주의를 기울여야 할 영역이 있는지 알아내기 위해 컨설턴트를 고용한다.

진단과 처방 후 해결책을 실행에 옮기는 역할까지 맡고 나면 도움을 주는 사람에게는 더 많은 권력이 주어진다. 도움을 구하는 사람은 스스로 문제를 진단하는 책임을 포기함으로써 도움을 주는 사람에게 한층 더 의존할 뿐만 아니라 그 사람이 문제를 식별하고 해결해줄 것이라는 추정까지 한다. 이런 역할은 도움을 주는 사람에게 매력적인 상황이다. 큰 권력이 주어질 뿐만 아니라 문제를 꿰뚫어보는 능력이 있다는 추정까지 받기 때문이다. 전문가는 전문적 진단과 해결책을 제시하는 활동의 보답으로 높은 보수를 받는데 이 과정은 그들이 제공한다고 주장하는 도움의 본질을 매우 구체적이고 가시적인 형태로 보여준다. 이런 관계에서 보고서, 조사 결과 보고, 진단, 그리고 권고 및 추천 등은 도움을 주는 사람이 하는 일을 가시적으로 확인하는 데 매우 중요한 기능을 한다. 수많은 컨설턴트가 이것이야말로 자신이 하는 일의 핵심이라고 생각하기 때문에 철저한 분석과 진단을 하고, 구체적인 추천 사항을 서면으로 제시하기 전에는 임무를 완수했다고 느끼지 않는다.

많은 독자들이 경험으로 이미 알고 있겠지만, 의사 역할은 높은 인기에도 불구하고 곳곳에 어려움이 도사리고 있다. 도움을 구하는 입장이 되어본 사람 대부분은 도움을 주는 사람의 조언이나 추천을 실제 상황에 적용하기 힘들 때도 많고, 애초에 도움을 구한 게 사실이지만 무엇을 해야 한다는 말을 듣는 것 자체가 기분 나쁘게 느껴지는 경험도 해봤을 것이다. 도움을 주는 쪽도 자기가 주는 도움이나 조언을 상대방이 예의 바르게 듣긴 하지만, 전혀 실행에 옮기지 않거나 심지어 상황을 전혀 이해하지 못한 채 자신에게 조언한다는 암시를 주면서 받아들이기를 완전히 거부하는 일을 겪은 적이 의외로 많을 것이다. 도움을 구한 사람은 자신이 포착하지 못한 중요한 사실을 지적하거나 제안받은 해결책을 이미 해봤는데 실패했다고 말하며 방어적인 태도를 취해 제공된 도움의 무게를 축소시킨다. 이런 어려움을 이해하려면 제일 먼저 이 '의사 모델'에 들어 있는 암묵적 가정들을 분석해봐야 한다.

의사 역할을 잘 해내는 데 있어 가장 눈에 띄는 어려움은 도움을 주는 사람에게 진단을 내리기 위한 필요하고 정확한 정보를 얻는 일이다. 개인이든 조직이든 도움을 구하는 쪽에서는 정확한 진단을 얻는 데 필요한 정보를 밝히는 것을 꺼릴 수 있다. 병원에서마저도 의사는 환자가 설명하는 증상에 의존해서 진단을 내린다. 도움을 주는 사람은 어느 정도 신뢰가 쌓인 다음에야 도움을 구하는 사람이 실제로 무슨 일이 벌어지고 있는지를 솔직히 말할 것이라는 확신을 가질 수 있다. 역설적이게도 도움을 구하는 사람이 초기에 품은 편견 때문에 문제를 과장해서 곧바로 도움을 줄 사람의 주의를 끌려고 하거나 문제를 축소해서 관심 정도를 시험하려고 하는 등 완전히 반대 반응이 나타나기도 한다. 두 경우 모두 도움을 줄 사람은 신뢰 관계가 구축될 때까지 상황을 정확하게 파악할 확률이 낮다.

의사 역할을 수행할 때 경험할 수 있는 또 다른 큰 어려움은 도움을 구하는 사람이 도움을 주는 사람의 진단을 믿지 않거나 처방을 받아들이려 하지 않는 일이다. 대부분의 기업이나 조직에는 도움을 구한 경영진이 이해하지 못했거나 받아들이지 못한 컨설턴트 보고서로 가득 찬 서랍이 한두 개쯤 있을 것이다. 문제의 원인은 의사 역할을 맡은 사람이 도움을 구한 사람에게 적용할 수 있는 진단 기준의 틀을 구축하지 못했기 때문이다. 도움을 구한 사람이 해당 처방을 실행에 옮기기 힘든 개인적 특성 혹은 문화적 요소를 지니고 있다는 사실을 간과한 것이다. 도움을 구한 사람이 수동적으로 처방을 기다리기만 하고 도움을 요청받은 사람이 모든 진단을 한다면 의사소통에 벽이 생겨 현실과 멀거나,

마음에 들지 않거나, 시행 불가능한 진단과 처방이 나올 가능성이 높다.

의학계에서마저 의사들은 환자들이 진단을 자동적으로 받아들이지도, 의사의 추천을 자동적으로 실행에 옮기지도 않는다는 사실을 점점 더 깊이 실감하고 있다. 문화마다 질병을 대하는 태도나 치료할 때 취하는 조처가 다른데, 서로 다른 문화가 혼재한 맥락에서는 앞에서 언급한 현상이 더 두드러진다. 그러나 의사들의 태도에도 변화가 생겼다. 가령 유방암치료 시 암 전문의는 유방절제술을 할 것인지, 화학요법이나 방사선요법 혹은 두 요법을 병행하는 치료를 할 것인지 선택하는 과정에서 환자의 의견을 점점 더 많이 참고한다. 이와 비슷하게 성형수술을 할 때도 환자의 목표와 자아 이미지가 수술의 궁극적인 성공 여부를 평가하는 핵심적인 요소로 간주되고 있다.

의사 역할과 관련된 세 번째 어려움은 상황과 상관없이 진단을 내리는 과정 자체가 아직 알지 못하는 결과에 영향을 준다는 사실이다. 운동부하검사, MRI, 심리검사 혹은 의사와 건강에 관련해서 나눈 긴 대화 등은 도움을 구하는 사람의 생각을 자극해서 자기 인생 전반을 돌아보게 하고 거기에 의문을 제기하도록 할 수도 있다. 검사 자체로 너무 겁먹어 환자가 도움을 구하는 것 자체를 포기하는 경우도 있다.

의사 역할의 네 번째 어려움은 적절한 진단과 처방을 제시해도 진단 과정에 도움을 구한 사람이 처한 개인적 혹은 사회적 요인이 고려되지 않아서 추천받은 변화를 꾀하지 못할 수도 있다는 점이다.

요약하자면 의사 역할이 효과를 발휘할 수 있는 정도는 다음 사항에 달려 있다.

1. 도움을 구하는 사람이 정확한 정보를 공개할 동기부여가 되어 있는가?

2. 도움을 구하는 사람이 진단과 처방을 받아들이고 믿는가?

3. 도움을 구하는 사람이 진단에 필요한 과정을 밟는 일로 말미암아 생기는 영향을 정확히 이해하고 수용하는가?

4. 도움을 구하는 사람이 제안받은 변화를 꾀할 수 있는가?

5. 도움을 구하는 사람의 의존성이 높아진 상태가 궁극적인 해결로 나아가는 데 도움이 되는가 아니면 방해가 되는가?

의사 역할로 전환하는 시점을 결정하는 일은 이 강력한 위치를 점유하는 것을 허락할 정도로 충분한 신뢰 관계가 구축됐다는 사실을 알거나 감지할 수 있는지에 달렸다. 이는 상대방이 관계가 공정하다고 느끼는 순간 혹은 양쪽의 권력과 위상의 실제적인 차이가 적절하고 공평하다고 느끼는 순간을 도움을 주는 쪽에서 포착할 수 있어야 한다는 의미다. 이 장의 첫 부분에서도 언급했지만, 도움을 주는 쪽이나 구하는 쪽 모두 모르는 것이 많기 때문에 효과적인 도움 관계를 쌓으려면 도움을 주는 쪽이 먼저 무지의 영역을 가능한 한 많이 없애려는 노력을 기울여야 한다.

3. 과정 컨설턴트 역할

과정 컨설턴트(Schein 1969, 1999)란 도움을 주는 사람이 처음부터 의사소통 과정에 초점을 맞추는 컨설팅을 말한다. 물론 도움을 청한 사람이 요청한 내용을 무시하면 안 되지만, 도움을 줄 사람은 태도, 목소리 톤, 분위기, 몸짓 등 상대방의 불안감과 신뢰 정도를 짐작할 수 있는 여러 단서에 주의를 기울여 의사소통이 어떻게 진행되고 있는지 집중해야 한다. 이때 의사소통의 목표는 관계와 위상의 균형을 되찾고, 도움을 구하는 사람과 주는 사람 모두가 가지고 있는 무지의 영역을 줄이는 환경을 만드는 것이다. 도움을 주는 사람은 너무 많은 것을 추정하지 않으려는 노력을 기울임과 동시에 도움을 구하는 사람이 더 많은 정보를 공개하고 싶어질 뿐만 아니라 이 과정에서 그의 위상을 높이고 신뢰를 쌓을 수 있는 상황을 만들어내야 한다. 초기에 접하게 된 높은 위상과 권력이 주는 유혹의 함정에 빠지지 않고 겸허한 태도로 질문하는 역할을 해야 한다는 의미다.

상황에 따라 다르지만, 어떤 종류의 전문 지식이나 개입이 필요한지 판단하는 데 관련된 정보를 얻기까지 몇 초 혹은 몇 분 정도밖에 걸리지 않을 수도 있다. 혹은 도움을 구한 사람이 적극적인 역할을 더 수행하도록 하는 게 좋다고 판단되는 상황이라면 과정 컨설턴트 역할을 오래 지속할 수도 있다. 이렇게 하면 어느 경우든 상관없이 도움을 주고받는 관계가 구축되기 시작한다. 도움을 주는 사람이 겸손한 자세로 질문하면서 보이는 관심 덕분이다.

이 역할을 취하는 근간에는 도움을 구하는 사람이 주도적인 역할을 하도록 격려하는 것이 좋다는 추정이 깔려 있다. 이는 도움을 구한 사람이 식별된 문제의 당사자이자, 상황의 복잡성을 진정으로 알고, 자기가 처한 문화적 맥락 속에서 무엇이 효과적인 해결책이 될지 가장 잘 알기 때문에 진단과 처방에 모두 참여해야 한다는 의미다. 보통 어떤 문제든 도움을 구한 사람이 스스로 해결할 수 있는 경우가 매우 흔하다. 따라서 누군가가 대신 나서서 문제를 해결해주는 것보다 당사자가 직접 그 일을 해내는 것이 더 적절할 때가 많다. 도움을 구하는 쪽이 스스로 문제를 통찰하고 해결책을 만들어내도록 돕는 것을 최선의 시나리오로 여기는 심리상담이나 심리치료가 좋은 예다. 도움을 구하는 사람이 복잡한 개인적 혹은 조직적 문제를 가지고 있다면 이 역할을 취할 필요가 더 명확하다.

　도움을 구하는 사람이 단도직입적으로 정보나 서비스를 요청하는 경우에는 과정 컨설턴트 역할을 취하기가 더 어렵다. 그렇지만 성공적인 전문가와 의사는 다른 역할을 시작하기 전에 먼저 이 역할을 하는 것이 필요한 경우를 많이 경험한다. 유능한 기술 고문이나 자동차 정비공이라면 몇 분 정도를 할애해 고객과 대화를 나누면서 상황 파악을 하고 이미 어떤 조치를 취해봤는지, 고객의 기대와 두려움이 무엇인지를 알아낸 후에야 전문가 혹은 의사 역할을 시작한다. 암 전문의는 유방암을 진단받은 환자에게 치료법을 처방하기 전에 그가 최선의 선택을 할 수 있도록 먼저 환자와의 관계를 구축하는 것이 중요하다는 사실을 잘 알고 있다. 이혼 전문 변호사라면 의뢰인이 어떻게 이혼 절차를 진행하기를 원하는지 명백히 알아내기 위해 과정 컨설턴트 역할을 자처하고 그 단계에 긴 시간을 할애한다. 도움을 주는 사람과 받는 사람 모두가 편하게 느끼는 공동의 결론에 도달한 다음에야 비로소 변호사 혹은 의사는 전문가 입장에서 처방을 하는 역할을 수행한다.

　내가 과정 자체에 충분한 주의를 기울이지 않아 불필요한 고통을 겪어야만 했던 상황이 기억난다. 독감을 앓아 몸이 약해진 친구가 소파에서 일어나도록 도와달라는 부탁을 했다. 나는 그의 팔을 잡아당기며 일으켜 세우려고 했다. 그는 "그 팔 말고!" 하고 외쳤다. 그쪽 팔에 심한 멍이 든 걸 내가 몰랐기 때문이다. 그 순간 과정 컨설턴트 역할을 잊지 않았다면 "어떻게 도와줄까?" 하고 물었을 테고 친구는 다치지 않은 팔을 내밀어서 부축을 받았을 것이다.

요약하자면 과정 컨설턴트 역할은 다음의 추정에 달려 있다.

1. 경영인, 친구, 동료, 학생, 배우자, 자녀 등 도움을 구하는 사람은 무엇이 진짜 문제인지 모르는 경우가 많아 문제 진단에서부터 도움이 필요할 수 있다. 그러나 그 문제의 당사자와 피해자는 결국 도움을 구하는 쪽이라는 사실을 잊지 않아야 한다.

2. 도움을 구하는 사람은 도움을 줄 사람이 어떤 종류의 도움을 줄지 모르는 경우가 많다. 도움을 줄 사람은 어떤 종류의 도움을 구해야 하는지 안내할 필요가 있다.

3. 도움을 구하는 사람의 대부분은 상황을 해결하겠다는 건설적인 의도를 가지고 있지만, 무엇을 어떻게 해결해야 하는지 식별하는 데에는 도움이 필요하다.

4. 자신이 처한 상황에서 어떤 해결책이 근본적으로 효과가 있을지 아는 사람은 도움을 구한 사람뿐이다.

5. 도움을 구한 사람이 스스로 문제를 식별하고 해결책을 강구하는 법을 배우지 않으면 해결책을 실행에 옮길 확률도 낮아지고, 또다시 같은 문제에 봉착해도 스스로 해결하지 못할 확률이 높다.

6. 도움의 궁극적인 기능은 도움을 구한 사람이 문제를 진단하는 기술을 습득하고 건설적으로 개입해서 상황을 스스로 향상시킬 수 있게 돕는 것이다.

⊘ 요약과 결론

도움을 요청받은 사람은 전문가, 의사, 과정 컨설턴트 역할 중 하나를 선택해야 한다. 도움을 구한 사람이나 요청받은 사람 모두 처음에는 상황에 대해 무지한 부분이 많다. 그리고 두 사람의 관계에 균형이 깨져 있기 때문에 전문가나 의사 역할로 시작하면 양쪽 모두 함정에 빠지기 쉽다. 따라서 진정으로 도움이 되는 관계를 맺으려면, 도움을 주는 사람은 도움을 구한 사람의 위상을 회복해주고 유효한 정보를 취합하기 위해 적극적으로 행동해야 한다. 위상의 균형을 회복하고 어떤 종류의 도움이 필요하며 어떤 방식으로 그 도움을 제공할 수 있을지에 관한 정보를 얻는 확률을 높이는 방법은 초기에 과정 컨설턴트 역할을 수행하는 것이다. 일정 수준의 신뢰가 확립되면 정확한 정보를 얻을 수 있다. 그런 다음 전문가 혹은 의사 역할로 옮겨가도 된다. 도움을 주고받는 과정이 진행되는 상황에 따라 도움을 주는 사람은 이 세 가지 역할을 여러 번 오갈 수도 있다.

이제 도움의 핵심이 무엇인지 말할 단계가 됐다. 도움을 주고받는 모든 상황은 도움을 주는 사람이 다음과 같은 일을 해내기 위해서 과정 컨설턴트 역할을 수행하는 것으로 시작돼야 한다.

1. 모든 상황에 존재하는 무지의 영역을 없앤다.

2. 초기의 위상 차이를 줄인다.

3. 문제를 식별한 후에는 그 문제를 해결하는 데 어떤 역할을 수행하는 것이 가장 적절한지 알아낸다.

도움을 주고받는 관계를 시작하면서 과정 컨설턴트 역할을 수행할 때 가장 중요한 것은 겸손한 자세로 질문하는 일이다. 이것이 무슨 의미이고, 어떻게 해야 하는지는 다음 장에서 살 수펴보자.

5

한층 더 깊은
도움 관계를 만드는 방법

겸손하게
질문하기

도움을 주고받는 관계를 구축하고 유지하는 방법에 대한 기본적인 답은 역설적이다. 말하고 설명하기는 터무니없이 쉽지만 행동으로 제대로 옮기기는 엄청나게 어렵기 때문이다. 도움을 주고받는 모든 관계의 과정에서 핵심적인 요소는 도움을 구한 사람의 문제나 도움을 주는 사람의 전문 지식이 아니라 무엇이 필요한지 양쪽 모두가 이해할 수 있는 의사소통이다.

기울어진 사회적 위상의 균형을 회복시키는 가장 좋은 의사소통 과정은 도움을 주는 사람이 도움을 구한 사람에게 가치 있는 무언가를 주는 것이다. 초기에는 도움을 구한 쪽의 위상이 한 수 아래로 떨어진다. 문제를 겪고 있다는 이유로 자신이 더 적은 가치를 지니고 있다는 사실을 확인받을 위험에 노출되기 때문이다. 내 경험상, 남성들이 자기가 문제를 겪고 있다는 사실을 공개적으로 시인하는 것을 더 어려워한다. 하지만 일반적으로 도움을 필요로 한다는 사실을 더 쉽게 인정하는 여성들도 위상이 한 수 아래로 떨어진다는 감각은 마찬가지로 느낀다.

도움을 주는 사람은 상대방의 자아를 북돋워주고, 격려하고, 베푸는 방식으로 이 역학관계에 진입하는 게 바람직하다. 그리고 항상 내가 '겸손하게 질문하기'라고 부르는 것으로 시작해야 한다. 그것이 단지 주의 깊은 관찰과 관계 초기에 오가는 짧은 대화에 귀를 기울이는 데 그칠지라도 말이다. 익숙해 보이는 상황이더라도 선입견을 가지고 대하지 않는 것이 중요하다. 길을 가르쳐주는 것처럼 간단하기 그지없는 상황에서마저 도움을 주는 사람은 잠시 시간을 들여 도움을 구하는 사람이 진정으로 묻는 것이 무엇이고, 그 요청이 납득할 만한지 확인하는 노력을 기울여야 한다. 이전 장에서도 언급했듯이 이런 식의 질문은 도움을 주는 사람이 스스로 모르는 것을 인정하고, 진심으로 궁금해서 묻는 것이므로 적절하게 겸손한 태도를 갖춰야 한다. 이렇게 하면 주의 깊게 귀 기울이고 관찰해서 얻은 정보를 열린 마음으로 받아들이게 된다. 자신의 예측이 잘못된 것일 수도 있다는 사실과 새로운 정보를 기꺼이 받아들이겠다는 태도를 보이면 도움을 구한 사람의 신뢰를 얻고, 문제에 봉착했다는 현실 때문에 괴로운 그의 기분을 좀 나아지게 할 수 있다. 조직이나 기업과 프로젝트를 진행하다 보면 고객에게 자신감을 되찾고 필요한 도움을 얻을 수 있다는 사실을 깨닫게 해주는 것이 필요할 때가 빈번하다.

이 점을 더 잘 이해하기 위해 조금 다른 형태의 도움 상황을 살펴보자. 내가 사는 웨스트 케임브리지 지역에서 매사추세츠 애비뉴까지 가는 길을 물어봤던 사람을 다시 떠올려보자. 매사추세츠 애비뉴는 매우 길고, 그와 내가 있던 길과 평행으로 달리는 길이었다. 상대방이 매사추세츠 애비뉴를 거쳐 어디로 가려고 하는지 전혀 알지 못했던 나는 행선지가 어디인지 물었고, 그는 보스턴 시내로 간다고 대답했다. 그 정보를 얻은 후 지금 서 있는 파크웨이를 따라 쭉 가다 보면 돌지 않고 바로 보스턴 시내로 들어갈 수 있다고 알려줬다. 그의 첫 질문에 바로 답했다면 어디로 가는지 물은 다음 해준 답변보다 도움이 덜 됐을 것이다. 어쩌면 그는 몸이 많이 아파서 병원을 찾아야 하는데, 아는 길 이름이라곤 매사추세츠 애비뉴뿐이었을지도 모른다. 질문을 하지 않고는 진짜 문제가 무엇인지 알 길이 없다.

아버지에게 달려가 "아빠, 이 숙제 좀 도와주세요" 하고 부탁했던 열 살 어린이의 경우도 다시 생각해보자. 바로 숙제로 뛰어드는 대신 아버지는 "무슨 일 있니?" 혹은 "무슨 도움이 필요한지 조금 더 이야기해줄래?"라고 물었을 수도 있다. 두 질문 모두 대화의 문을 열었을 것이고, 아이가 진짜 하고 싶었던 말이 무엇인지 알아낼 기회가 생겼을 것이다. 수술을 받고 침대에 누워 있는 환자가 환자용 변기가 필요해서 간호사나 요양보호사에게 도움을 구하는 상황을 떠올려보자. 환자를 부축해서 일으키기 전에 돕는 사람은 이렇게 물을 수 있다. "어떻게 해드리는 게 좋을까요?" 혹은 "어디가 제일 아프세요?" 혹은 "어디를 잡고 부축해드릴까요?"

이번에는 컴퓨터 전화 상담원이 컴퓨터가 작동하지 않아서 크게 당황한 고객을 상대하는 상황이다. 상담원은 사용자가 컴퓨터에 대해 어느 정도의 지식을 가졌는지 알지 못한다. 따라서 사용자가 무엇을 아는지, 특히 컴퓨터 전문가에게는 익숙하지만 사용자에게는 외국어처럼 들릴 수도 있는 커서, 하드 드라이브를 비롯한 용어들을 아는지 확인하는 질문부터 던져야 한다. 답을 들은 다음에는 상대방이 무엇을 이해하고 무엇을 이해하지 못하는지 알 수 있는 일반적인 질문으로 시작하는 것이 좋다. "조금 더 이야기해주세요"나 "언제 문제가 시작됐나요?" 혹은 "어떻게 작동하니 이런 문제가 생겼나요?" 등의 단순한 질문으로도 꽤 많은 정보를 얻을 수 있다.

자살 방지 상담 전화를 생각해보자. 이런 경우는 자살 충동을 느끼는 사람과의 대화를 충분히 길게 이어나가면서 그 사람의 자존감을 되찾을 수 있을 만한 이야기를 할 기회를 찾는 것이 돕는 사람이 할 수 가장 중요한 일이다. 심리상담사로 일하는 친구가 한다는 이 '겸손한 질문'은 특히 더 흥미로웠다. 그는 자살 충동을 느끼는 내담자에게 "본인 **전체**가 자살하고 싶어 하나요? 본인 전체에서 죽고 싶어 하지 않는 부분이 일부라도 있지 않나요? 자살하고 싶어 하지 않는 그 부분과 몇 분간만 대화해도 될까요?" 하고 묻는다고 했다. 이 질문의 목적은 물론 내담자가 자기 안에 더 나은 부분, 자존감을 높여줄 수 있는 부분이 있다는 사실을 의식하게 만드는 것이다.

도움을 주는 사람은 더 많은 정보를 얻으려고 질문하는 과정에서 세 가지 중요한 일을 하게 된다. (1) 도움을 구하는 사람이 뭔가 중요한 사실을 알고 있다는 것을 깨닫게 해 그의 위상을 높여주고, (2) 도움을 요청받은 사람이 상대방의 상황에 관심을 보이고 감정적으로 참여하고 있다는 신호를 보내 한시적일지라도 일단 관계를 다지는 데 힘을 보탠다. (3) 중요한 정보를 얻어서 다음 단계에 무엇을 해야 할지 판단할 근거를 마련한다. 실용적인 관점에서 보면 세 번째, 즉 정보를 얻는 일이 가장 중요하다. 충분한 정보가 없으면 도움을 주는 사람이 너무 성급하게 전문가 혹은 의사 역할로 뛰어들어 설익은 조언을 하는 실수를 범하고, 그런 조언은 오해나 분노를 사는 결과를 낳을 수도 있다.

네 가지
질문유형

질문은 특별한 행동인 동시에 태도이기도 하다. 그때그때 상황에 따라 질문하는 양상도 조금씩 달라져야겠지만, 무엇보다도 질문의 종류에 따라 다른 결과를 얻게 된다. 따라서 도움을 주려는 사람은 어떤 질문을 어떻게 할 것인지 신중히 선택해야 한다. 도움을 주는 사람이 과정 컨설턴트 역할에 머물러 있다면, 어떻게 그 역할을 수행할지 선택할 수 있다. 개인적으로는 질문의 종류를 근본적으로 다른 네 가지로 나누는 것이 큰 도움이 됐다.

- 순수한 질문
- 진단적 질문
- 대립적 질문
- 과정지향적 질문

순수한 질문

순수한 질문의 목표는 여러 가지다. 도움을 구한 사람의 위상과 자신감을 북돋고, 그가 불안감, 정보, 감정 등을 공개해도 안전하다고 느끼는 분위기를 조성하며, 문제에 관한 정보를 최대한 많이 취합하고, 도움을 구한 사람을 진단과 해결 계획 수립 과정에 참여시키는 것 등이다.

비공식적이고 일상적인 종류의 도움 상황에서는 순수한 질문을 많이 던질 필요가 별로 없을 수도 있다. 그러나 공식적인 컨설팅이나 상담, 치료 등의 상황에서는 처음에 순수한 질문을 던지는 것이 도움 관계를 구축하는 데 중심적인 요소로 작용한다. 역설적이게도 순수한 질문을 던지는 일은 침묵에서 시작된다. 도움을 줄 사람은 몸짓과 눈짓으로 들을 자세가 되어 있다는 신호만 보내면 된다. 아무 말도 필요 없다. 도움을 구하는 쪽이 그냥 자기의 부탁을 더 자세히 설명하거나 관계된 이야기를 시작할 수도 있다. 그 과정에서 도움을 구하는 사람이 가진 지식과 기술뿐만 아니라 도움을 받아들일 준비가 되어 있는지에 관한 정보도 드러난다. 침묵으로 더 이상 유용한 정보를 얻을 수 없다는 판단이 서면 도움을 주는 사람은 다음 예 중 적절한 것으로 상대방의 대답을 유도할 수도 있다.

- "계속하세요."

- "조금 더 알고 싶어요."

- "무슨 일이 있었는지 이야기해주시겠어요?"

- "어떻게 도와드릴까요?"

- "(기대하는 표정과 함께) 그래서요?"

- "어떻게 오셨나요?"

- "방금 하신 말씀의 예를 좀 들어주시겠어요?"

- "무슨 일이 있었는지 조금만 더 자세히 이야기해주시겠어요?"

- "마지막으로 그 일이 일어난 게 언제였나요?"

- "다 이야기하셨나요?"

- "방금 말씀하신 일과 관련해서 벌어진 다른 일은 없었나요?"

중요한 것은 문제를 미리 추정하는 듯한 질문은 하지 말아야 한다는 점이다. 도움을 구하는 사람이 부인하고 싶은 것이 바로 그 부분일 수 있기 때문이다. 점점 더 구체적인 질문을 던져서 추상적이거나 일반적인 대답이 아니라 자세한 정보와 예시가 담긴 대답을 이끌어내야 한다. 처음에는 무슨 일이 일어났는지에 초점을 맞춰서 도움을 구하는 사람이 대답의 내용을 자신이 편안하게 느낄 수 있는 구조로 끌어가게 해야 한다. 예를 들어, 도움을 구하는 사람은 한 수 아래로 떨어진 느낌에 대처하려고 상대방을 시험하는 듯한 질문을 퍼부으면서 해결해야 할 상황에 대해서는 아무 말도 하지 않을 수도 있다.

순수한 질문을 할 때는 도움을 구하는 사람이 무슨 이야기를 시작하든 집중하는 태도로 고개를 끄덕이고, 이야기를 잘 따라가고 있다는 신호로 가끔 "음" 소리를 낸다거나 하는 식으로 반응하고 "계속 말씀하세요", "거기에 대해 좀 더 이야기해주실 수 있을까요?", "그다음에는 어떻게 됐어요?" 등의 대꾸를 하면서 이야기를 계속하도록 북돋는 것이 좋다. 목표는 도움을 구하는 사람이 어떤 식으로 이야기할지 정해주는 것이 아니라 모든 사실을 완전히 밝히도록 해서 도움을 주는 사람이 모르는 부분을 없애고 상황을 깊게 이해하는 것이다. 예를 들어달라고 청하는 게 특히 중요한데, 많은 경우 도움 요청이 너무 추상적이어서 도움을 줄 사람이 자신이 가진 추정을 투사해 상대방이 실제로 무슨 말을 하려고 하는지 놓치기 쉽기 때문이다. 이것의 전형적인 예는 다음과 같다. "제가 부끄러움을 너무 많이 탑니다. 도와주실 수 있을까요?" 도움을 요청받은 사람은 도움을 구한 사람에게 '부끄러움을 많이 탄다는 것'이 어떤 의미인지 알기 전까지는 도울 수 없기 때문에 사례를 들어달라고 해야 한다.

도움을 구하는 사람의 이야기는 어느 지점에 이르면 속도가 느려지거나 끝이 난다. 아무리 대답을 부추겨도 더 이상 이야기가 계속되지 않는 시점이 온다. 사실 도움을 구하는 사람 쪽에서 갑자기 말을 멈추고 단도직입적으로 질문을 할 수도 있다. "어떻게 생각하세요?" 혹은 "제가 어떻게 해야 할까요?" 이때 도움을 주는 사람이 설익은 대답을 하면 시기상조로 전문가가 되는 함정에 빠진다. 상대방이 조언이나 제안을 들을 준비가 되어 있지 않다는 생각이 든다면 그가 계속 정보를 밝히도록 하는 몇 가지 선택지가 있다. 그중 하나는 대화를 다음 범주, 즉 '진단을 위한 질문'으로 옮겨가는 것이다.

요약하자면 도움을 구하는 사람의 이야기를 완전히 알지 못하면 도움을 주는 사람은 실제로 무슨 일이 벌어지고 있는지 정확히 감지할 수 없다. 순수한 질문은 도움을 구하는 사람이 스스로 진단하는 사고를 시작하고, 현실적인 행동 전략도 떠올리게끔 유도하는 방향으로 던져야 한다.

진단적 질문

진단적 질문을 던질 때는 상대방이 밝히겠다고 선택한 문제가 아닌 다른 문제들에 의도적으로 집중함으로써 도움을 구하는 사람의 사고 과정에 영향을 준다. 이런 형태의 질문은 이야기 내용에 영향을 주지 않으면서 이야기 안의 여러 요소에 주의를 기울인다. 길을 묻는 단순한 예에서 겸손한 질문은 "행선지가 어디

신데요?"인 데 반해, 진단적 질문은 다음 예 중 한 형태를 띤다. "거기를 왜 가려고 하세요?", "지금까지 어떻게 거기를 가려고 했나요?" 혹은 "보스턴에서 길을 잃은 느낌이 어떤가요?" 도움을 주는 사람은 어디에 주의를 기울일지에 영향을 줌으로써 권력과 제어력을 행사하기 때문에 합당한 이유가 있으며 의식적으로 그 역할로 옮겨가겠다는 의도가 있을 때만 이 질문 방식을 실행해야 한다.

이런 식으로 방향을 바꾸는 방법은 총 네 가지다.

1. 감정과 반응

도움을 구하는 사람이 스스로 지금까지 설명한 사건들 혹은 식별한 문제들에 대한 느낌과 반응에 초점을 맞춘다.

- "그래서 어떤 느낌이 들었나요?"
- "그 일을 겪고 어떻게 반응했나요?"
- "그 사건이 일어났을 때 감정적으로 어떤 느낌이 들었나요?"

이 질문들은 다른 저의가 전혀 없고 상대방을 지지하는 마음이 깃든 것으로 보인다. 그러나 동시에 대화의 주도권을 쥐고 상대방이 지금까지 생각해보지 않았거나 생각하고 싶지 않았을 문제에 대해 고민하게 만드는 효과가 있다. 따라서 이런 질문은 관계의 균형을 회복시키는 효과가 전혀 없고, 도움을 구한 사람이 자신의 반응에 대해 부정적인 생각을 갖게 돼서 불안감을 증폭시키기도 한다. 감정이나 느낌에 대해 묻는 일은 도움을 구하는 사람이 원하는 정도보다 더 깊은 곳을 건드리는 일일 수도 있다.

2. 원인과 동기

원인에 대해 질문하고 그에 대한 가정을 세워보면 도움을 구하는 사람은 도움을 요청한 동기와 왜 이런 일이 벌어지게 됐는지 돌아보게 된다.

- "여기까지는 어떻게 오셨나요?" (길을 잃은 운전자에게)
- "왜 이런 문제를 겪게 됐다고 생각하세요? 왜 지금 이런 문제가 생겼을까요?"
- "왜 그렇게 하셨나요?" (도움을 구한 사람이 무슨 조처를 취했다고 이야기하면)
- "왜 그렇게 반응했다고 생각하시나요?" (도움을 구한 사람이 자신이 보인 반응을 이야기하면)

이런 질문은 도움을 요청받은 사람이 상황을 이해하는 과정에 도움을 구한 사람도 깊게 관여하게 한다. 이런 참여는 특히 문제가 다른 사람들과 연관되어 있거나 구조적으로 복잡할 때 더 중요하다. 도움을 주는 사람이 이런 질문을 던짐으로써 도움을 구하는 사람은 이에 대해 생각해보고 진단 능력을 익히게 되며 위상도 높아진다.

3. 이미 해봤거나 고려한 조치

이 방향으로 질문하면 도움을 구하는 사람은 자신을 비롯해 상황에 연루된 사람들이 과거에 한 일, 현재 하려고 하는 일, 미래에 하려고 계획 중인 일에 주의를 기울이게 된다. 도움을 요청받은 사람은 이미 취한 조치들에 대한 설명을 듣고 그 조치들을 발전시키는 방법을 택할 수도 있다. 그러나 도움을 요청하는 사람이나 상황에 연루된 사람들은 과거, 현재, 미래의 조치들을 완전히 공개하지 않는 경우가 많다.

* "여기까지는 어떻게 오셨나요?"
* "그에 관해 어떤 조치를 취하셨습니까? 다른 사람들은 어떤 조치를 취했나요?"
* "지금까지 어떤 노력을 기울이셨나요?"

- "이제 무슨 조치를 취할 계획이신가요?"
- "그때 그 사람은 무슨 일을 했나요?"

행동 중심의 질문을 하면 도움을 구하는 사람은 자신이 지금까지 알아차리지 못하거나 중요하게 여기지 않은 일을 생각하게 된다. 때로 자신 혹은 관계된 사람들이 했거나 하지 않은 일을 부끄러워한 나머지 그에 대한 생각을 억누르기도 한다. 이런 질문은 뭔가 했어야 한다는 암시를 주는데, 도움을 요청한 사람이 아무 행동도 취하지 않았다면 이 질문을 듣고 죄책감이나 수치심을 느낄 수도 있다. 그런 의미에서 이 질문은 도움을 요청하는 사람의 사고 방향에 영향을 주기 때문에 도움을 주는 사람은 자신이 미칠 영향을 책임질 준비가 되어 있을 때만 질문을 해야 한다. 이런 종류의 진단적 질문은 물론 거의 모든 상황에 적용 가능하며, 필요에 따라 하나씩 짚어나갈 수도 있고 적절한 경우에는 한꺼번에 탐색할 수도 있다. 그러나 도움을 주는 사람은 어떤 외양을 띠든 이런 식의 진단적 질문이 도움을 요청한 사람의 사고 방향에 변화를 주게 된다는 사실을 잊지 말아야 한다. 왜냐하면 도움을 구한 사람에게 새로운 시각으로 상황을 바라보라고 요청하는 것이나 다름없기 때문이다. 진단적인 시각에서는 이것이 바람직하기는 하지만 도움을 요청한 쪽이 제어력을 잃고 더 의존하게 될 가능성이 있으므로 위상의 균형 면에서는 파괴적일 수 있다.

4. 구조에 관한 질문

도움을 요청한 사람의 사연에는 거의 항상 가족, 친구, 상사, 동료 혹은 부하 직원 등 다른 사람이 등장한다. 이야기와 사건은 항상 인간관계 구조에 뿌리를 내리고 있다. 도움을 주는 사람은 상대방이 이 문제에 구조적으로 연관된 사람들의 반응이나 행동을 어떻게 받아들이는지 이해해야 진정한 도움을 줄 수 있다고 판단하는 경우도 있다. 그래서 가족심리상담 분야에서 구조적 혹은 순환적 질문이라고 부르는 질문을 던지게 된다. 해결해야 하는 문제에 다른 사람들이 연루되어 있다면, 앞에서 예시한 질문을 하나씩 확장함으로써 도움을 구하는 사람이 자신의 상황과 관련해 다른 사람들의 느낌과 생각, 행동을 어떻게 받아들이는지를 알아낼 수 있다. 예를 들어, 상사와 중요한 미팅이 있는 배우자가 옷 고르는 것을 도와달라고 하는 단순한 상황에서 도움을 요청받은 사람은 이렇게 질문할 수 있다. "지금 고른 옷에 대해 동료들은 어떻게 생각할 것 같아?" 도움을 요청받은 사람은 문제를 일으키는 부하 직원과 어떻게 업무를 계속해야 할지 상담하는 매니저에게 "더 단호한 태도를 취한다면 팀 내의 다른 구성원들은 어떻게 반응할까요?"라는 질문을 할 수도 있다.

이런 질문은 도움을 구하는 사람에게 자신이 직접 상황을 진단하는 능력을 기르고, 각 해결책이 초래할 영향과 결과에 대해 명확하게 생각해볼 기회를 제공한다. 구조에 관한 질문은 어떤 제안이나 충고 혹은 처방을 할 때 그것이 효과가 있을지 없을지 확인해보는 방법이기도 하다. "흠, 이런 방법이 있긴 합니다. 그 방법을 사용했을 때 그룹 내의 다른 사람들은 어떻게 반응할 거라고 생각하세요?" 이런 질문은 단순히 "이 방법을 사용하는 것에 관해 어떻게 생각하세요?"라고 묻는 것을 넘어서는 질문이라는 사실에 주의를 기울이자.

지금까지 언급한 네 가지의 진단적 질문은 도움을 구하는 사람의 사고 방향에 영향을 주고, 자기인식 정도를 높여준다. 그러나 이는 질문일 뿐이지 해결책 제시는 아니다. 다음 범주는 대립적 질문으로, 도움을 요청한 사람이 가진 문제의 실제 내용과 직접 관련이 있지만 그가 아직 생각해보지 못한 부분을 건드린다.

대립적 질문

대립적 질문에서는 도움을 주는 사람이 자신의 의견을 가지고 대화 과정과 내용에 끼어든다. 도움을 요청받은 사람은 도움을 구하는 사람이 더 자세한 내용을 밝힐 수 있도록 격려하는 데 그치지 않고 상대가 생각하지 못했을 제안이나 선택지를 제시한다. 이런 개입은 전문가 혹은 의사 역할에 더 가까워지는 것이므로 관계에 신뢰와 균형이 확립돼서 의미 있는 의사소통이 가능해졌다고 판단한 후에 시도해야 한다. 하지만 신뢰가 있고 균형 잡힌 관계가 형성되기까지 그다지 오래 걸리지 않을 수도 있다. 내 경험으로는 거의 즉시 전문가 혹은 의사 역할이 수행 가능한 상황도 많았는데, 도움을 청한 사람과 이미 관계가 돈독하거나 적절한 수준의 신뢰가 구축되어 있다고 느낀 경우들이었다.

- "그래서 화가 났어요?"(이 질문은 도움을 청한 사람이 언급한 특정 사건에 관한 것이었다. "그래서 어떤 느낌이 들었나요?"라는 질문보다 더 대립적이라는 사실에 주목하자. 도움을 청한 사람은 화낼 생각을 하지 않았을 수 있기 때문이다)

- "그에 관해 정면으로 부딪혀봤어요?"

- "이런 일을 해보면 어때요?"(질문 후 구체적인 제안을 해야 한다)

- "그런 행동을 한 이유가 불안해서였다는 생각을 해본 적이 있나요?"(이런 질문은 도움을 요청한 사람이 문제 상황이 불안감 때문에 벌어졌을지도 모른다는 가능성을 전혀 고려하지 않고 있다는 판단이 들 때 던질 수 있다)

이전까지의 질문들은 도움을 청한 사람이 스스로 생각과 감정을 돌아보도록 유도한 데 반해 대립적 질문은 새로운 아이디어, 개념, 가정, 선택지 등을 내놓고 도움을 청한 사람이 그것에 대처하도록 만든다. 이런 식의 질문을 던지는 것은 적절할 수도 있고 그렇지 않을 수도 있다. 도움을 청한 사람이 대립적 질문을 받고 위상이 한 수 아래로 더 떨어지는 느낌을 받을 수 있기 때문이다. 따라서 도움을 주는 쪽은 상대방이 어떤 느낌을 받을지 판단해야 한다.

도움을 주는 쪽이나 받는 쪽 모두 균형 잡히고 편안한 관계가 정립됐다고 느낀다 해도 이런 식의 개입이 얼마나 강력한지는 아무리 강조해도 지나치지 않다. 도움을 구한 사람이 원래 자기가 제시한 버전의 이야기를 버리고 도움을 주는 사람이 제시한 틀 안에서 해결 방안을 모색하도록 만들기 때문이다. 이 과정에서 가장 위험한 부분은 문제 상황과 관련된 추가 정보가 있더라도 더 이상 나오기 힘들다는 점이다. 도움을 청한 사람이 자신의 생각과 기억을 계속 공유하는 대신 새로 제시받은 개념에 대처하느라 바빠지기 때문이다. 따라서 대립적 질문을 할 때 가장 중요한 요령은 그 질문을 하는 것이 적절한지, 그렇다면 언제, 어떻게 해야 할지 판단하는 일이다. 이 부분은 뒤에서 더 자세히 다룰 예정이다.

과정지향적 질문

도움을 구하는 사람의 사고 과정이나 이야기 내용에서 초점을 옮겨 도움을 주고받는 두 사람 사이에서 당장 벌어지고 있는 상호작용에 집중하는 선택은 언제라도 할 수 있다. 상황에 따라 어떤 표현을 사용해야 할지는 달라지겠지만, 이렇게 하는 의도는 도움을 청하는 사람이 지금도 상호작용이 벌어지고 있고, 그 상호작용 또한 분석이 가능하다는 사실을 의식하도록 하는 것이다.

- "지금 우리 둘 사이에서 무슨 일이 벌어지고 있다고 생각하십니까?"
- "지금까지 우리 대화가 어떻게 진행되고 있다고 느끼시나요?"
- "해결하고자 하는 문제에 우리가 만족할 만큼 초점을 맞추고 있다고 생각하세요?"
- "지금 우리가 하는 대화로 뭔가 진척되는 느낌이 드십니까?"
- "제 질문이 도움이 되세요?"

과정지향적 질문은 다른 범주의 질문과 혼용할 수 있다. 예를 들어, "지금 무슨 일이 벌어지고 있나요?" 같은 질문은 과정에 대한 질문도 되지만 정보를 얻으려는 질문이 되기도 한다. "이 문제를 이런 식으로 상의할 사람으로 저를 선택한 이유가 무엇입니까?" 이 질문은 과정지향적일 뿐만 아니라 진단적 질문이기도 하다. 대립적인 질문임과 동시에 과정지향적인 질문의 예로는 "저를 시험하려고 그런 식으로 이야기하시는 것 같은 느낌이 드는군요" 혹은 "~에 관한 중요한 사항은 왜 빼놓고 이야기하시는지 모르겠군요" 등이 있다. 이런 식의 질문이 강력한 이유는 관계 자체에 초점을 맞춤으로써 도움을 구하는 사람이 도움을 주는 사람을 어떻게 인식하고 있는지, 얼마나 신뢰하고 있는지 평가하는 데 특히 중요하기 때문이다.

관계가 달라지는 질문

지금까지 도움을 주는 사람이 도움을 청한 사람을 도움 과정에 얼마나 참여시키고 싶은지에 따라 던질 수 있는 다양한 범주의 질문에 대해 이야기했다. 한쪽은 도움을 주는 사람이 수동적이지만 집중하는 자세로 도움을 청한 사람에게 최대한의 권한을 허용하는 질문이고, 또 다른 쪽은 도움을 청한 사람이 자신의 과거와 현재의 행동을 고찰하게 만드는 질문이다. 도움을 주는 사람이 순수한 질문에서 진단·대립·과정지향적 질문으로 옮겨

갈수록 상대의 기분을 상하게 하고, 도움을 주고받는 관계 자체가 무너지거나 관계 성립이 지연될 위험이 높아진다. 도움을 구하는 사람의 자신감을 북돋고, 그의 반응에 따라 의견을 바꿀 준비가 되어 있다는 자세를 보여주려면 순수한 질문에서 시작해 상대가 구체적인 말이나 행동으로 신뢰감을 보일 때만 진단적 혹은 대립적 질문으로 넘어가는 것이 좋다.

순수한 질문으로 시작하면 정보가 신속하게 나오는 경향이 있고, 도움을 청한 사람이 한 수 아래로 처진 위상을 회복할 수 있는 기회를 누린다. 도움을 요청받은 사람은 상호작용을 유지하면서 다음 네 가지 질문을 스스로에게 던져 상황을 판단해 다음 단계로 넘어갈 수 있다.

1. 도움을 청한 사람과의 의사소통 과정에서 어떤 느낌이 드는가? 나는 과도한 긴장감 없이 이 상호작용에 임하고 있는가? 나는 도움을 청한 사람을 괴롭히는 이야기를 잘 이해하고 있는가?

이 질문에 정해진 답은 없다. 도움을 청한 사람의 행동과 말투, 보디랭귀지를 주의 깊게 관찰해서 얻은 느낌에 기초해 답해야 한다. 문제의 전말이 다 나오지 않았다는 느낌이 들면 조심스러운 태도를 늦추지 말고 순수한 질문 모드를 유지해야 한다.

2. 시간이 얼마나 있는가? 긴급한 상황이어서 충분한 정보를 모두 확보하기 전에 필요한 것이 무엇인지 추측해야 하는 상황인가?

해결 속도와 시간이 중요하다는 느낌이 든다면 "이 문제를 빨리 해결해야 할 필요가 있습니까?" 혹은 "더 이야기를 나눌 때까지 해결책을 찾는 것을 미뤄도 될까요?" 등의 과정지향적 질문을 할 수 있다.

3. 도움을 구하는 사람과 나의 관계는 어떠한가?

도움을 구하는 사람이 내가 필요한 전문 지식을 모두 갖췄고 전문적 훈련을 받았다고 추측하는 공식적인 관계에서는 순수한 질문을 던지는 시간을 더 늘리는 것이 좋다. 친구나 배우자처럼 비공식적인 관계에서는 진단·대립적 혹은 과정지향적 질문으로 넘어가는 위험을 더 쉽게 감수할 수 있다. 이미 일정 수준의 신뢰가 쌓였다는 가정이 있기 때문이다. 만일 관계의 성격이 애매하거나 상업적인 관계지만 도움을 주는 사람의 전문적 훈련 여부가 확실치 않다면 순수한 질문 모드가 바람직하다. 물론 시간 압박이 있거나 문제의 성격상 곧바로 조치를 취해야 하는 상황이라면 다르겠지만 말이다.

4. 지금 당장 어디에 초점을 맞추는 것이 도움을 구한 사람에게 가장 유용하다는 판단이 드는가? 도움을 구한 사람에게 함께 진단적 질문을 해보자는 요청을 할 수 있을 만큼 믿을 만한 방식으로 충분히 내용을 전달받았는가? 대립적 질문을 해야 하는가? 나의 해석이나 모종의 조치를 제안해도 될 시기인가?

여기서 중요한 것은 도움을 주는 사람이 상대가 실제로 한 말에 근거해서 판단할 수 있을 만큼의 자기통찰력을 갖추고 있어야 한다는 점이다. 자신의 경험에 비추어 떠오르는 직감이나 선입견 같은 것에 의존해서는 안 된다. 나는 가끔 도움을 청한 사람의 이야기를 조금 들은 다음 마치 내가 거기 있기라도 했던 것처럼 모든 상황을 파악했다고 착각하고 상대방이 아직 중요한 요소들을 밝히지도 않은 시점에서 조언이나 제안을 내뱉는 실수를 하곤 한다. 하지만 만일 자신의 의견을 밝히는 것이 적절하다는 판단이 들면 기회를 건설적으로 이용할 수 있는지, 그리고 적절한 상황인지를 추가로 고려해야 한다.

기회를 건설적으로 이용하기

순수한 질문을 하는 동안에는 상호작용이 즉흥적인 흐름에 좌우되는 경향이 있으므로, 대화의 균형과 초점을 바로잡으려면 기회를 건설적으로 이용할 줄 알아야 한다. 초점을 바꿀 기회를 언제 잡아야 할지 판단할 때 사용할 수 있는 중요한 기준은 도움을 구하는 사람이 방금 매우 중요하고 기억에 남을 만큼 생생한 이야기를 한 시점이다. 다시 말해, 이야기나 역할의 변화가 도움을 요청받은 사람의 생각이나 느낌에만 기인하는 것이 아니라 도움을 청한 사람이 한 말과 명백히 연관성이 있어야 한다는 뜻이다. 특히 순수한 질문에서 진단적 혹은 대립적 질문 모드로 넘어가는 시점을 판단할 때는 타이밍이 매우 중요하다. 어떨 때는 대화를 시작하고 몇 분 지나지 않았는데도 그렇게 하는 것이 자연스러울 수도 있고, 어떨 때는 상호작용을 하는 내내 순수한 질문만 하는 것이 적절할 때도 있다. 도움을 요청받은 사람은 이야기를 들으면서 그때그때 드는 자신의 느낌과 생각에 따라 세 가지 유형의 질문 사이를 이리저리 넘나들곤 한다. 그러나 초점을 바꾸는 적절한 시점에는 간단한 기준이 존재하지 않는다. 도움을 청한 사람이 순수한 질문에서 다른 질문으로 넘어갈 수 있을 만큼 충분히 명확한 정보를 제공하지 않았다면 과정 컨설턴트 역할에 머무는 것이 어쩌면 가장 최선일 수도 있다.

그렇다고 계속 수동적이고 기계적인 질문만 할 수는 없다. 이야기를 듣는 동안 도움을 요청받은 사람도 강한 감정을 느끼거나 아이디어가 떠오를 것이고, 그런 감정과 아이디어가 도움을 청한 사람이 스스로의 상황을 더 깊게 이해하는 데 영향을 주기도 한다. 적절한 순간이라는 생각이 들 때 도움을 요청받은 사람은 약간의 위험을 감수하고 기회를 잡아 새로운 통찰이나 대안 혹은 시각을 제공할 수 있다. 다음 장에서 다룰 짐의 경우는 그런 식으로 기회를 잡는 것이 실수라고 판명 난 경우다. 이런 실수는 타이밍의 잘못일 수도 있고 개입의 정도가 부적절해서일 수도 있다. 도움을 요청한 사람은 도움받기를 거부할 수 있고, 그 결과 얼마간 관계가 긴장될 것이다. 그런 경우 도움을 요청받은 사람은 자기가 실수했다는 것을 알리며 상대방의 반응을 살펴야 할 뿐만 아니라, 그 사람이 어떤 종류의 조언이나 개입에 어떻게 반응하는지 관찰해야 한다. 다시 말해, 일어나는 모든 일에서 배울 점이 있는 것이다.

대화를 할 때 무슨 말을 어떻게, 어느 시점에 하는지 등으로 실수하는 일은 매우 흔하다. 그런 잘못으로 의기소침해지는 대신 배울 기회를 얻었다고 생각하고 오히려 그런 잘못을 환영해야 한다. '더 조심스럽게 말해야 한다'든지 '추정하지 말고 자신이 모르는 것을 인정하자'라든지 하는 교훈을 얻기도 하지만, 배우는 것에서 그치지 않고 이 새로운 정보가 현 상황에서 무엇을 알려주는지 자문해야 한다. 배움이 두 영역에서 이뤄지는 것이다. 하나는 범한 실수에 대한 반응을 통해 우리 자신의 정보와 다음에는 무엇을 달리해야 하는지 배우는 기회, 다른 하나는 도움을 청한 사람에 대한 정보를 얻고 그가 어떤 생각을 갖고 있으며 어디까지 받아들이고 행동할 준비가 되어 있는지를 배우는 기회다.

상황을 적절한 상태로 유지하기

도움을 주는 사람이 어떻게 반응하는 것이 적절한지는 상황에 따라 달라진다. 따라서 어떻게 반응할지에 관한 규칙을 정하는 일은 쉽지 않다. 도움 관계와 상황을 판단하는 데 감각과 느낌을 동원하는 것은 불가피하다. 그러나 도움을 주는 사람은 항상 도움을 구한 사람의 위상을 구축하고 체면을 세우는 일에 초점을 맞춰야 한다. 도움을 주는 사람은 상대의 취약하고 민감한 부분을 이해하고, 그 부분을 피하거나 공감 어린 방식으로 대처할 수 있어야 한다.

병원에 입원한 환자를 다시 예로 들어보자. 돕는 사람이 할 수 있는 일 중 하나는 상황을 특이한 것이 아니라 평범한 것으로 대함으로써 형식과 객관성을 유지하는 태도를 취하는 일이다. 사회적 거리를 유지함으로써 이 상황이 실제로 누군가에게 벌어진 일이 아닌 듯한 착시 현상을 만드는 것이다. 환자복을 입은 환자의 신체 부위가 노출돼서 수치심을 느낄 수 있는 상황에서 간호사와 조무사들은 눈을 다른 곳으로 돌리고 마치 모든 게 정상인 것처럼 행동한다. 혹은 환자가 굉장히 의지하고 싶어 하는 상태라는 것을 감지한 간호사가 부모처럼 행동하는 경우도 있다. "다른 환자복을 가져올게요. 우리 그런 차림으로 복도를 지나가고 싶진 않잖아요?"

돕는 사람이 할 수 있는 또 다른 일은 도움을 청한 사람이 독립적으로 무언가를 해냈을 때 긍정적 강화 반응을 보이는 일이다. 통증을 무릅쓰고 다리를 들어올린 환자에게 "잘했어요!"라고 칭찬하면 병원이라는 환경에서 무기력함을 느끼던 환자는 잃어버렸던 상황 통제력을 되찾는 느낌을 받을 것이다. 도움을 주는 사람은 도움을 청한 사람의 행동이 아무리 도발적일지라도 어떤 상황에서도 절대 성급함이나 혐오감을 보이지 말아야 한다. 물론 긍정적 강화는 타당한 상황에 적절한 정도로 이뤄져야 하고, 내가 엔터키를 누를 때마다 칭찬하던 컴퓨터 전문가처럼 상대방을 얕보는 태도가 깃들어 있으면 안 된다.

도움을 요청받은 사람은 한 가지 질문에서 다른 유형의 질문으로 넘어갈 때 자신의 역할이 과정 컨설턴트에서 전문가, 의사로 변화한다는 사실을 의식해야 한다. 진단·대립·과정지향적 질문들은 여전히 질문의 형태를 띠고 있고 단언이나 조언이 아니지만, 질문의 내용만으로도 도움을 주는 사람이 다른 역할로 옮겨가 그에 따른 권력을 사용하고 있다는 신호가 된다. 따라서 도움을 주는 사람은 관계의 균형이 회복됐다는 판단이 들 때만 이런 변화를 꾀해야 한다. 이는 도움을 주는 사람이 판단하기에 도움을 구한 사람이 현재의 의사소통 수준에 편안함을 느끼고 실수를 허용할 수 있을 만큼의 적절한 상호신뢰가 구축되어 있다고 느끼는 상황을 전제로 한다. 하지만 이런 판단은 다분히 주관적일 수밖에 없다. 진단적 질문 혹은 대립적 질문이 도움을 청한 사람을 기분 나쁘게 할 가능성은 언제나 있다. 일정 수준의 신뢰가 없으면 관계 자체는 돌이킬 수 없는 손상을 입는다.

한 예로 영국의 인력 개발 컨설팅 기업인 태비스톡인스티튜트 The Tavistock Institute 가 고위 관리자들을 대상으로 진행한 감수성 훈련 프로그램에서 다음과 같은 상황이 벌어진 적이 있다. 보통 이런 프로그램에서는 강의와 대형그룹 훈련뿐만 아니라 전문 진행자가 이끄는 소그룹 모임도 진행한다. 해당 프로그램의 소그룹 단위 활동에서는 형식적인 부분을 최소화해서 참가자들의 행동 자체를 돌이켜보고 학습할 수 있도록 했다. 훈련받은 심리분석가나 심리학자인 전문 진행자는 참여자들의 활동을 관찰하다가 가끔 질문을 하고 해설을 하는 식으로 개입했다. 그중 특히 진행자의 제안에 저항하며 잘 수용하지 않은 그룹이 있었다. 그러자 그 진행자가 "저를 거세하려고 하시는 건가요?" 하고 말했다. 그 말을 들은 참여자 중 한 명이 이 '심리학적 허튼 소리'에 분노해서 이후 예정되어 있던 회사의 감수성 훈련 참여 계약을 몽땅 취소했다.

✔ 요약과 결론

이 장에서는 도움을 주고받는 역학관계에서 생길 수 있는 문제를 적극적이지만 겸손한 질문을 통해 개선하는 방법을 설명했다. 이 질문 과정은 (1) 도움을 청한 사람에게 주도권을 줘서 스스로 적극적인 문제 해결자가 되게 함으로써 위상을 되찾게 해주고, (2) 도움을 청한 사람에게 자신의 문제를 스스로 어느 정도는 해결할 수 있다는 자신감을 주며, (3) 도움을 주는 사람과 청한 사람 모두에게 필요한 정보를 최대한 이끌어낸다.

순수한 질문을 던진 다음 그저 귀를 기울여 듣는 데 그쳐서는 안 된다. 누군가가 도움을 구했을 때 그로 인해 발생하는 사회·심리적 역학관계와 서로 다른 종류의 질문이 그 사람의 정신 과정에 끼치는 영향을 이해해야 순수한 질문들이 최대한 효과를 발휘할 수 있다.

질문은 (1) 도움을 청한 사람이 하는 이야기에 완전히 집중하는 순수한 질문, (2) 느낌과 인과관계 분석 및 행동 대안 등을 유도해내는 진단적 질문, (3) 도움을 요청받은 사람의 상황에 대한 의견도 곁들이는 대립적 질문, (4) 도움을 받는 사람과 주는 사람 사이에 벌어지는 현재의 상호작용에 초점을 맞추는 과정지향적 질문 네 가지로 구분된다.

어떤 유형의 질문을 할지는 그때그때 상황과 이야기, 어떤 사건이 등장하는지에 달려 있고, 무엇보다 중요한 기준은 도움을 받는 사람이 더 이상 자기가 한 수 아래에 있다고 느끼지 않음을 확신해야 한다는 점이다. 양쪽이 수행하는 실제 역할은 상황에 따라 다양하지만, 양쪽 모두가 질문 과정을 거쳐 역할을 정리하고 서로를 수용한다는 신호를 확인할 수 있다. 이렇게 해서 두 당사자 사이에 실행 가능한 심리적 계약 관계가 성립하는데, 이에 따라 사회경제학적 역학관계와 역할이 명확히 정의된다. 초기 단계에서는 순수한 질문을 던지는 것이 더 의미가 있다. 도움을 청한 사람의 기대치를 가늠하고 도움을 요청받은 사람이 상대의 부탁을 수용하고 지지한다는 신호를 보내는 기회가 되기 때문이다. 도움을 청한 사람이 능동적인 문제 해결자가 되고 나면 더 깊은 수준의 진단·대립·과정지향적 질문을 던지는 것이 가능해진다.

질문 과정을 조정할 때 개입의 시점을 잘 찾는 것이 매우 중요하다. 도움을 주는 사람은 기회를 건설적으로 이용하는 일과 도움을 청한 사람의 심리적 편안함 사이의 균형을 잘 맞춰야 한다. 이 과정에서 도움을 주는 사람은 어느 정도 위험을 감수해야 하고 어쩔 수 없이 실수를 저지르게 된다. 하지만 자신과 상황, 그리고 개입에 대한 상대방의 반응을 보고 배우게 되는 것이 많기 때문에 이런 과정을 오히려 학습의 기회로 환영해야 한다. 어떻게 그렇게 되는지 다음 장에서 더 자세히 살펴보자.

6

어떤 질문을
던져야 하는가?

질문의
작동 방식

이 장에서는 실제 사례를 통해 도움 과정에서 핵심적 역할을 하는 질문 던지기가 어떻게 작동하는지 설명하려 한다. 다양한 예를 통해 여러 도움 상황에 등장하는 사회적 역학관계를 들여다보는 동시에 거기서 어떤 교훈을 얻을 수 있는지 분석해보자. 사례가 열거된 표 6.1을 보고 관심 있는 사례를 고를 수 있다.

먼저 가상의 사례를 살펴보면서 비공식적인 상황에서 두 사람 간에 벌어지는 일을 자세히 분석해보자. 비교적 사소한 도움을 구하는 사례지만 모든 도움 상황에서 나타나는 일반적인 역학관계를 볼 수 있다. 그 다음에 이어지는 두 개의 짧은 공식적인 도

표 6.1 사례	
사례 1	배우자가 차 한 잔을 요청하는 상황을 상세히 분석해서 비공식적이고 친근한 관계에서 빠질 수 있는 함정을 살펴본다.
사례 2	그룹 미팅 시 도움을 주고받는 상황에서 순수한 질문이 갖는 긍정적 효과를 살펴본다(Schein, 1999).
사례 3	질문하는 역할에서 벗어나지 않으면서 과정에 관한 전문 지식을 제공해 그룹이 회의 관행을 재고할 수 있도록 도운 사례를 살펴본다(Schein, 1999).
사례 4	동료가 더 좋은 조력자가 될 수 있도록 도운 사례를 통해 질문 과정의 복잡성을 살펴본다(Schein, 1999).
사례 5	병원 퇴원 과정 중 발생한 도움 상황에서 도움이 되지 않는 추정이 갖는 부정적 효과를 살펴본다.
사례 6	계속 유지되는 관계에서 간헐적으로 도움을 주고받을 때 융통성 있는 역할 수행과 돌보는 역할이 변화하는 것에 관해 살펴본다.

움 사례는 내가 컨설턴트 자격으로 한 그룹에 참여했을 때 경험한 것으로, 사소한 질문이 도움 상황에 얼마나 큰 영향을 끼치는지 알 수 있다. 이 다음에 나오는 긴 사례는 성공적인 도움을 주는데 연이어 실패한 동료의 요청으로 그의 상황을 분석하고 서로다른 질문의 형태가 어떻게 상호작용을 하는지 보여준다. 마지막두 사례는 도움을 요청한 사람이 신체적 장애가 있어 긴 기간에

걸쳐 다른 수준의 도움이 필요한 경우를 다뤘다.

사례 1:
아내가 나에게 원했던 것

추운 겨울 밤, 나는 아내와 함께 벽난로 앞에 편안하게 앉아 있다. 우리 두 사람 모두 말이 없다. 나는 우리가 함께 만든 이 안락한 균형을 깨지 않으려고 일부러 침묵을 지킨다. 그때 아내가 몸을 일으켜서 내게 차 한 잔을 가져다줄 수 있냐고 묻는다면 상황이 변하고, 균형 상태를 판단하는 기준도 변한다. 뭔가를 부탁함으로써 아내는 일시적으로 자신을 한 수 아래로 낮추고, 내가 대처해야 하는 도움 상황을 만들어낸다. 차 한 잔을 가져다주는 것은 비교적 사소한 도움이지만, 조언이나 위로를 구하는 요청을 했다 하더라도 역학관계는 동일할 것이다.

지금까지 살펴본 논리에 따르면 내가 가장 먼저 해야 할 일은 잠시 시간을 들여 아내가 요청한 것이 정말로 무엇인지 고려해보고, 겸손한 질문을 하며 과정 컨설턴트 역할을 수행하는 것이다. 거창하게 들릴지 모르지만 잠깐 신경을 써서 아내가 정말로 원하는 것이 차 한 잔인지 확인하는 단순한 과정일 뿐이다. 어쩌면 더 무거운 이야기를 하고 싶어서 그렇게 시작한 것인지도 모른다. 이때 나는 몇 가지 형태의 순수한 질문을 할 수 있다.

- 궁금하다는 표정으로 그녀를 바라보면서 5~10초 정도 기다려 본다. 아내가 더 이상 다른 말을 하지 않고, 별다른 신호도 보내지 않으면 그녀의 요청을 액면 그대로 받아들인다.
- 무슨 일이냐고 묻는 식으로 반응할 수도 있다.
- "어떤 차가 좋겠어요? 아니면 술 한잔할래요?" 하고 물을 수도 있다.
- 갈증이 나는지 물을 수도 있다.
- "새로 차를 우릴까요, 아니면 아침에 우려놓은 차를 데워 올까요?" 하고 물을 수도 있다.

요점은 대화의 물꼬를 터서 새로운 정보가 드러날 여지를 주는 것이다. 새로운 정보가 나오지 않으면 차를 가져오면 되고 아내는 "고마워요" 하고 응답할 것이다. 도움 주고받기가 완결되고 상황은 종료된다. 알고 보니 아내가 다른 것을 원했는데 상황을 부드럽게 그쪽으로 이어가려고 차를 달라고 부탁한 거였다면, 우리는 새로운 과정을 시작하고 이 새 상황이 무엇인지에 따라 나는 전문가 혹은 의사 역할을 맡게 된다. 이렇게 신속한 변화가 가능한 것은 아내와 나 사이에 두터운 신뢰가 이미 존재하기 때문이다. 내가 주의를 기울이고 있으며 돕겠다는 신호를 명확히 보낸 후에는 그녀가 한 말을 어떻게 해석해야 할지 알게 되고, 그에 따라 과정 컨설턴트 역할에 머무를지 또 다른 역할로 변할지 결정할 수 있다. 이 상황에서 도움을 요청한 사람이 내가 잘 알지 못하는 손님이었다면 신뢰가 형성되기 시작할 때까지 과정 컨설턴트 역할에 더 오래 머무를 것이다.

생길 수 있는 문제

싸울 생각이 아니라면 일단 차를 달라는 부탁을 받은 후에는 내가 더 이상 침묵을 지킬 수 없다는 사실에 주목하자. 침묵을 지킨다는 것은 무관심하거나 돕고 싶지 않다는 신호가 되기 때문이다. 내가 아무 말도 하지 않는다면, 아내는 내가 자신의 부탁을 거절하는 것인지 아니면 그 말을 듣지 못했는지 생각할 것이다. 내가 눈을 감고 있는 걸로 봐서 어쩌면 잠들었는지도 모른다고 생각할 수도 있다. 그녀는 바로 여러 가지 단서를 살핀 후에 내가 자기 말을 듣고도 반응하지 않는다고 결론 내리면 상황의 균형을 회복하려는 시도를 할 것이다.

아내는 떨어진 자신의 위상을 어떻게 회복할 수 있을까? 내 행동이 이기적이라고 간주해서 내 위상을 낮춘 다음 차 마시는 걸 아예 포기해버릴 수도 있다. 혹은 화를 내며 일어나서 직접 차를 가져올 수도 있다. 계속 내게 의존하는 대신 직접 적절한 행동을 취하는 이런 반응은 도움을 요청한 사람의 위상을 높인다. 두 경우 모두 관계에 어느 정도 손상이 간다. 도움도 주지 않고, 도움을 주지 않는 이유도 제시하지 않았으므로 대화가 적절히 마무리되지 못했기 때문이다. 결국 도움을 요청한 사람은 상황의 균형을 회복시켰지만 체면을 다소 잃게 된다. 그리고 도움을 요청받은 사람인 나는 차를 마시고 싶다는 아내의 주장을 인정하지 않았고, 그 과정에서 무관심과 무례함을 드러내서 위상이 떨어졌다.

물론 나는 반응하지 않고 침묵을 지키면 그녀의 체면을 잃게 만든다는 것을 알고 있다. 그리고 아무 말도 하지 않고 아무 일도 하지 않으면 그녀를 사랑하지 않거나 무례한 사람이라고 치부되어 내 체면을 잃게 된다는 것도 알고 있다. 따라서 계속 아무 말도 하지 않는 것은 적절한 대처법이 아니다. 그렇다면 나는 어떤 행동을 해야 했고, 그런 대처법은 어떻게 해석될까?

내가 그날 오후에 테니스를 오래 친 터라 굉장히 피곤하고 몸 여기저기가 쑤셔서 차를 만들기 위해 자리에서 일어나고 싶지 않았다고 가정해보자. 내가 도움이 되는 남편이라는 이미지를 유지하면서 아내와의 관계가 상하지 않는 선택지는 어떤 것이 있을까? 우리 둘 모두의 체면을 잃지 않으려면 어떻게 해야 할까? 당장 요청받은 도움을 주지 않으면서 전체적으로는 도움이 되는 사람이라는 정체성을 지킬 수 있는 말을 해야 한다. "조금만 이따가 가져다줄게요"라고 한다면 좋은 의도를 보이면서도 시간을 조금 벌 수 있다. 혹은 "다리가 아프니 조금만 더 쉬고 가져다줄게요"라고 하면 새로운 정보를 입수한 아내가 요청을 취소할 수도 있다.

중요한 점은 아내의 말을 들었으며 존중하는 태도로 반응했다는 사실이다. 관계의 균형을 유지하면서도 대화의 공이 새로운 정보를 고려하고 반응할 아내에게 넘어갔다. 아내가 침묵으로 반응한다면 내가 차를 가져다주지 않는다는 사실에 기분이 나빴다는 신호로 해석할 수도 있다. 이에 긴장한 나는 다른 이유를 대거나 제안을 해야 할 것이다. 하지만 그보다는 아내가 새로 얻은 정보를 사용해서 관계를 유지할 수 있는 편안한 균형점으로 돌아가는 말을 할 확률이 높다. "괜찮아요, 나중에 마시죠", "괜찮아요, 꼭 안 마셔도 돼요" 혹은 "아픈지 몰랐어요, 미안. 차는 내가 가져올게요." 이 중 어느 말을 하든 상황은 종료되고 이전에 누렸던 편안함을 되찾는 것이 가능해진다. 그러나 내가 차를 가져오지 않았다는 사실은 우리에게 약간 불편한 기억으로 남을 것이다. 도움을 구한다고 해도 바로 모두 들어주지 않는다는 깨달음이 생겼기 때문이다.

그냥 보기에는 사소하기 짝이 없는 문제를 이렇게까지 해부하는 것이 무슨 의미가 있을까? 차 한 잔이든, 정신 건강이든, 조직의 효율성이든 도움을 구하는 동시에 촉발되는 과정은 모두 동일하기 때문이다. 한 번이라도 도와달라는 요청을 받아본 적이 있는 사람이라면 요청 그 자체로 작동하기 시작하는 사회적 역학관계를 이해할 것이다. 도움을 요청받은 사람이 보이는 반응은 관계에 즉각적으로 영향을 끼친다.

앞에서 든 예에서는 순수한 질문과 과정 컨설팅 단계가 5초도 채 되지 않아서 끝날 수도 있다. 컴퓨터 작업을 하던 아내가 "이 이메일 여는 것 좀 도와줄래요?" 하고 외칠 때도 여전히 질문 모드를 거쳐야 할 필요가 있다. 그러나 나는 그 역할을 상황이 끝날 때까지 유지할 수도 있고, 의사 역할로 들어가 그녀 어깨 너머로 컴퓨터를 계속 살피면서 무엇을 해야 하는지 알려주고, 메일을 열어준 다음 감사 인사를 받고 서재에서 나올 수도 있다. 첫 역할, 다시 말해 순수한 질문으로 역할을 시작하는 것은 같지만 그 질문에 대해 도움을 요청한 사람이 보이는 반응에 따라 역할은 진화한다.

사례 2:
비효율적인 회의를 효율적으로 바꾸기

몇 년 전 나는 설립된 지 얼마 안된 기업의 임원진이 매주 금요일 오후에 하는 임원 회의에 함께 참여해서 일한 적이 있다. 회의가 더 효율적으로 진행되도록 돕는 것이 내 임무였다. 열심히 일하는 사람들이 모였지만 2시간으로 정해진 회의 시간 내에 안건의 절반 이상을 처리하는 법이 없었다. 나는 소모적인 논쟁이나 무례하게 말 끊고 끼어들기 혹은 안건에 오르지 않은 쪽으로 화제가 돌아가는 것 등을 막으려고 최선을 다해 개입했지만, 아무 소용이 없었다. 회의 참석자들은 내가 하는 말을 경청하고 자기들의 잘못된 행동을 지적해줘서 고맙다고 했다. 하지만 행동을 바꾸지는 않았다.

여러 번에 걸쳐 만족스럽지 못한 회의를 지켜보던 끝에 이 수많은 의제는 누가 정하는지 물었다. 정말 몰라서 한 질문이었다. 회장 비서가 작성한다고 했다. 그리고 그 대답을 하는 과정에서 회장뿐만 아니라 그 누구도 그가 어떻게 회의 의제 목록을 작성하는지 모른다는 사실을 깨달았다. 비서가 회의실로 호출됐다. 그는 간부들이 전화로 요청한 안건들을 들어오는 순서대로 적고, 그 뒤에는 이전에 다루지 못한 안건들을 덧붙인다고 설명했다.

나는 한마디도 하지 않았지만 참석자들은 즉시 시스템을 바꾸기로 결정했다. 앞으로 비서가 임시 리스트를 만들면 참석자들이 우선순위를 정해서 덜 중요한 안건들은 연기하거나 삭제하기로 한 것이다. 회의의 질과 성취감이 극적으로 향상됐다. 이 그룹에게 도움이 된 것은 회의 의제가 어떻게 만들어지는지에 대한 나의 순수한 질문이었다. 내 무지를 성공적으로 활용한 예다.

사례 3:
새로운 방법을 만들게 하는 질문

사례 2의 임원진은 회의 의제에 우선순위를 부여하는 방법만으로는 처리해야 할 안건이 너무 많고 해결하지 못한 안건들에 대한 불만을 해소할 수는 없다는 사실을 깨달았다. 우선순위를 정하는 과정에서 서로 다른 성격의 두 가지 안건이 존재한다고 지적한 구성원이 다수 있었다. 즉시 주의를 기울여야 할 안건과 장기 정책, 전략 수립처럼 긴 시간에 걸쳐 깊이 숙고해야 할 안건으로 나눌 수 있다는 이야기였다. 항상 발등에 떨어진 불처럼 빨리 해결해야 할 일들을 먼저 토론하게 마련이었고, 그 일들을 처리하는 데 회의 시간을 다 쓰는 바람에 정작 정책이나 전략에 관련된 중요한 안건을 토론할 시간이 전혀 없었다. 누군가가 급한 안건들은 매주 금요일 회의에 첫 번째 의제로 삼아 토론하고, 중요한 정책과 전략 문제는 2주에 한 번씩 다루자고 제안했다. 항상 같은 내용의 회의만 할 것이 아니라 두 가지 종류의 회의를 하자는 제안이었다.

그 제안을 들은 내 안에서 의사의 본능이 깨어났다. 회의에 참석한 사람들에 비해 나는 회의 운영 기술을 훨씬 많이 알고 있고, 지금 그들은 헤매고 있지 않은가. 나는 대립적 질문 모드로 전환했다. "어려운 정책 문제나 전략 문제를 처리할 만한 에너지를 금요일 오후에 발휘할 수 있으실까요?" 반쯤은 순수한 질문이었고 반쯤은 수사적인 질문이었다. 몰라서 궁금하기도 했지만 지금까지 그룹을 관찰해보니 금요일 오후에 그런 에너지를 낼 수 **없으리라고** 생각했기 때문이다. 몇 명은 회의에 허락된 2시간을 모두 할애하거나 심지어 3시간 정도를 쓰면 할 수 있을 것이라 말했다.

내가 보기에 회장이 주재하는 회의에 들어온 후에도 모두 자기 일에 신경 쓰느라 집중하기도, 정책이나 전략 문제에 창의력을 발휘할 여력도 없었다. 이전 몇 달에 걸친 다양한 상호작용들로 봐서 나는 그들이 나를 신뢰한다고 확신했다. 그래서 한 걸음 더 나갔다. "정책·전략 회의는 사무실이 아닌 다른 곳에서 열어 거기에만 집중하는 게 낫다고 생각하지 않으세요?"

내 제안에 모두 바로 찬성했고, 내가 더 이상 개입하지 않았는데도 한 달에 한 번 씩 외부에서 회의를 하자는 토론이 활발히 이뤄졌다. 나는 대립적 질문을 통해 이 그룹이 시간과 공간을 관리하는 법에 대한 시각을 넓히는 데 도움을 줬지만, 외부 회의에 대한 세부 사항은 완전히 그들이 자발적으로 생각해냈다. 그 후 몇 달, 몇 년에 걸쳐 이 기업의 여러 부서와 지역 지부에서는 외부 회의 전통이 확고하게 자리 잡았다. 그러나 아무도 그런 회의가 어떻게 시작됐는지는 몰랐다. 그 그룹은 도움을 받았지만 어떤 식으로 도움을 받았는지는 기억하지 못했다.

사례 4:
실패할 뻔한 동료 돕기

동료 짐이 내게 도움을 청했다. 자신이 진행한 지난 네 번의 컨설팅이 실패로 끝난 이유를 알고 싶다는 것이었다. 그는 기업 내 정보의 흐름을 조직화하는 과정에 조언하는 일을 하고 있었다. 그의 고객은 특정 서비스를 제공받으려고 그를 전문가로 고용했다. 짐과의 대화는 그의 최근 컨설팅에 대해 내가 순수한 질문을 하는 것으로 시작됐다. 15분 정도 이야기해보니 짐은 고객을 대할 때 온전히 의사/환자 모델로만 일한다는 걸 알 수 있었다. 그는 자신이 조심스럽게 진단한 후 견실한 추천을 한다고 생각했다. 그래서 고객이 자신의 제안을 별로 고려해보지도 않고 무시하는 이유를 이해하지 못했다.

이야기하는 동안 짐은 이미 감정을 많이 드러냈기 때문에 나는 그의 느낌에 대한 질문은 하지 않았다. 그는 자신감을 잃고 좌절감에 빠져 어떻게 해야 할지 몰랐다. 나는 이 시점에서 질문을 중단하고 내 생각과 느낌을 공유한 다음, 그가 사용한 접근법이 고객의 방어 본능을 자극했을 수도 있다는 가정을 이야기하고 싶은 유혹을 강하게 느꼈다. 짐은 프로젝트마다 고객의 상황을 진단한 다음, 매우 비판적인 보고서를 써서 여러 직급의 경영진이 다 같이 모인 자리에서 발표했다. 그는 부하 직원들 앞에서 상사를 비판한 후에 불어닥칠 여파를 고려하지 않았다. 내가 지금 그에게 비판적인 반응을 보인다면 나 또한 그가 그동안 했던 행동을 똑같이 반복하는 것과 다름없다는 걸 깨달았다. 짐의 얼굴에 대고 그를 비판하는 것 말이다. 이런 종류의 피드백은 한 수 아래로 내려간 그의 위상을 더 떨어뜨려서 내게 방어적인 태도를 보이게 할 위험이 있었다.

나는 충동을 억누르면서 그가 스스로 문제를 깨달을 수 있도록 돕는 진단적 질문을 던졌다. "자네는 고객이 좋은 반응을 보이지 않은 이유가 뭐라고 생각하나?" 이 질문은 "왜 이런 일이 벌어졌다고 생각하나?"라고 물으면서도 전반적인 상황에 초점을 맞춰서 그를 상황 진단에 참여시키는 질문이었다. 짐은 고객들이 자신에 관한 부정적인 말을 듣고 싶어 하지 않았을 수도 있다는 사실을 재빨리 알아챘고, 어쩌면 그들의 방어적 태도가 자연스러운 반응이었을지도 모른다고 인정했다. 그런데도 그는 이런 반응이 나온 원인이 자신이 낸 보고서의 내용과 방식 때문일 가능성은 깨닫지 못했다. 그러나 그는 이 분석으로 자신이 그동안 무엇을 간과했는지 그 정보를 얻었고, 무슨 일이 벌어졌는지 더 적극적으로 생각해보게 됐다.

'왜'라는 질문은 강력한 개입이다. 도움을 청한 사람은 그 질문을 받으면 여태까지 당연하게 여긴 것들을 새로운 시각으로 들여다보게 되기 때문이다. 도움을 주는 사람이 '왜'라는 질문의 주제를 세심하게 선택하면 상당히 다른 사고 방향을 촉발할 수 있고 지금까지와는 다른 통찰을 끌어낼 수도 있다. 어떤 면에 초점을 맞출지에 관한 주요 선택지는 다음과 같다. (1) 도움을 구한 사람이 왜 그 행동을 했는가, (2) 이야기에 등장하는 다른 사람이 왜 그런 행동을 했는가, (3) 이야기 속의 사건이 도움을 구한 사람이나 다른 사람에게 어떤 영향을 끼쳤는가. 나는 짐이 고객의 반응을 스스로 진단하도록 만드는 것이 최선이라고 생각했다. 특히 CEO가 왜 짐에게 불만을 가지게 됐는지 스스로 그 이유를 생각하게 만드는 부분에 주안점을 뒀다.

의뢰인들이 왜 자신에게 부정적인 반응을 보이는지 추측해 보던 짐은 특히 고통스러웠던 한 회의를 언급했다. 경영진 앞에서 프레젠테이션을 하는데 CEO가 직접 짐에게 문제 제기를 한 사건이었다. 짐이 정보 흐름에 관한 장기 목표가 기업 문화와 전혀 맞지 않는다고 지적하자 CEO가 월권 행위라며 발끈한 것이다. 설립자 중 한 사람으로서 회사와 자신을 동일시하는 경향이 강한 CEO는 짐에게 기업 문화에 대한 비평을 부탁한 적이 없다고 주장했다. 짐은 그 점에 대해 너무도 미안하게 생각했고 CEO에게 공개적으로 사과했다. 그러나 놀랍게도 회의에 참석한 사람들 중 일부가 짐을 옹호하면서 기업 문화에 대해 언급하고, 그 문제에 관해 보고하는 것이 정당하며 심지어 환영할 만한 일이라고 했다.

그 시점에서 나는 행동과 관련된 질문을 던져서 어떤 조치를 취했는지에 초점을 맞추기로 했다. 이런 종류의 질문을 던져보면 더 제대로 된 진단을 할 수 있을 뿐만 아니라 도움을 구한 사람의 사고 방향과 그에게 주어진 선택지를 자세히 이해하는 것이 가능해진다. 나는 짐에게 CEO가 왜 그렇게 행동한 것 같냐고 물었다. 놀랍게도 짐은 왜 그랬는지 이해하지 못했다. 그래서 나는 방향을 바꿔서 그에게 왜 사과할 필요를 느꼈는지 물었다. 사실상 나는 짐이 프레젠테이션의 초안을 CEO에게 먼저 개인적으로 보여주고 기업 문화에 대한 비판에 그가 어떻게 반응하는지 파악했어야 했다는 내 가정을 시험해보고 있었다. 짐의 설명에는 그 부분에서 자기가 한 실수에 대한 죄책감이 깃들어 있었다. 그의 반응을 보고 더 대립적인 질문을 해도 되겠다고 판단했다. 나는 짐에게 분석 결과를 가지고 왜 CEO에게 먼저 가지 않았는지 노골적으로 물었다.

이 질문에서 처음으로 문제의 원인에 관한 내 생각을 밝혔다는 부분에 주목하자. 질문을 받은 짐은 이야기의 다른 요소들에 대해 생각해보게 됐으므로 내가 던진 것은 명확히 대립적인 질문이었다. 이런 식의 대립적 질문은 "CEO와 단둘이 만나서 문화 데이터에 관해 토론해볼 생각은 해봤나?" 등으로 부드럽게 전달할 수도 있다. 도움을 구한 사람의 관심을 계속 유지하려고 질문에 대안을 여러 개 포함시킬 수도 있다. "보고서 초안을 가지고 CEO나 다른 임원과 먼저 상의할 수 있지 않았을까?"

내 질문에 짐이 한 대답은 상황에 대한 나의 무지를 인식하지 않고 대립적 질문을 던졌을 때 생기는 위험이 어떤 것인지 잘 보여준다. 그는 의기양양하게 대답했다. "CEO와 단둘이 만나기도 했어! 똑같은 자료를 미리 보여주기까지 했다고. 하지만 내가 일을 제대로 하지 못한 게 틀림없어. 아니면 메시지를 전달하는 데 실패했거나." 정말로 짐을 속상하게 한 것은 CEO가 개인적으로 만났을 때는 아무 말도 하지 않다가 **공개석상에서** 부정적인 반응을 보인 점이었다.

그 말을 듣고 내 질문이 실은 수사학적으로만 질문의 형태를 띠고 있었다는 사실을 깨달았다. 짐이 CEO에게 미리 가지 않았다고 추정하고, 그가 그렇게 했어야 했다는 사실을 질문의 형식을 빌려 지적한 것이다. CEO와 미리 만났는지 담백하게 묻는 대신 그렇게 하지 않았을 것이라고 짐작해버린 점은 내 실수였다. 짐은 방어적인 태도를 취하면서 다시 한 번 모든 상황을 자기 탓으로 돌렸다. 그러나 새로운 중요한 정보를 얻었고, 이제 어떻게 해야 할지를 생각해야 했다. 나는 누군가에게 질문을 던질 때 더 조심스러운 태도를 취해야겠다고 다짐하고, 왜 내가 그런 실수를 했는지 반성해보았다. 시간적 압박, 성급함, 자만심이 원인이었다. 동시에 나는 짐의 상황에 대해 훨씬 더 많은 것을 알게 됐는데 그가 일을 완벽하게 처리하지 못한 것이 자기 탓이라고 생각하는 경향이 있다는 사실도 발견했다. 그리고 나는 그가 왜 이 중요한 일을 처음부터 이야기하지 않았을까 생각해봤다. 이 사실은 그가 무엇을 중요하다고 생각하고, 무엇을 중요하지 않다고 생각하는지에 관한 사고 지도를 이해하는 데 큰 의미가 있었다. 그가 자책하는 경향이 있다는 사실은 조금 더 대립적인 개입이 큰 도움이 되는 상황으로 이어졌다.

짐이 CEO와 따로 먼저 만났는데도 CEO가 공개적으로 화내는 일이 벌어졌다는 사실을 알게 된 후 나는 새로운 가정을 타진해봤다. CEO는 나머지 경영진 앞에서 기업 문화에 대한 비판을 듣는 것이 수치스러웠을 수도 있었다. 짐은 그럴 가능성도 있지만, 자기는 경영진이 이 프로젝트에 한마음으로 동참하고 있다는 추측을 했다고 말했다(짐은 CEO와 나머지 경영진 사이의 위상과 권력 차이에 민감하지 않은 듯했다). 그는 또 청중이 어떻게 구성되어 있든 상관없이 자기는 컨설턴트로서 면담과 조사로 발견한 사실을 가능한 한 명확하고 진실하게 보고할 의무가 있다고 강하게 주장했다. 고객들에게 무슨 일이 벌어지고 있는지 감지하는 능력을 그의 강한 전문가 정신이 가려버린 듯했다.

이 사례의 교훈은 누구나 실수할 수 있지만, 거기서 배울 점도 많다는 사실이다. 이에 더해, 내용상의 실수와 내용을 전달하는 시점이나 방법에서의 실수를 명확히 구별해야 한다는 사실도 명심해야 한다. 나는 CEO와 짐 사이에 뭔가 잘못된 부분이 있다고 감지했지만 언제, 어떻게 그 생각을 내비칠지 잘못 판단하는 실수를 범했다. 그리고 몇 가지 선택지 대신 단 하나의 가정만을 제시함으로써 필요 이상으로 대립적인 질문을 하고 말았다.

위상의 균형 감지하기

대화가 계속되면서 나는 짐이 나와 함께 상황에 대해 이리 저리 생각해보는 것을 점점 더 편안하게 여긴다는 사실을 감지했다. 그는 CEO와의 문제에 대해서는 방어적인 태도를 견지했지만 과거의 사건들을 좀 더 넓은 시각으로 보기 시작했다. 이는 우리 둘 사이의 관계에 균형이 잡히기 시작했고, 짐이 느끼는 의존성과 취약성이 줄어들었다는 의미였다. 따라서 조금 더 대립적인 질문이 가능해졌다. 도움을 주는 사람이 관계가 안정됐다는 느낌을 받은 후에는 대화를 더 깊게 발전시켜도 상대방이 방어적인 태도를 취할 위험이 적어진다. 도움을 받는 사람이 이제 적극적으로 배울 자세를 갖추고 여러 가지 제안과 조언을 환영하기 때문이다. '안정적'이라고 해서 양측이 동등한 위상에 있다는 뜻은 아니다. 그보다는 두 사람 사이의 암묵적 계약, 의존도, 컨설턴트 역할, 그리고 도움을 청한 사람이 자신의 요청이 받아들여졌다고 생각하는 수준 등이 모두 상호 예상에 부합한 상태를 말한다. 양쪽 모두 자기가 줄 수 있고 받을 수 있는 것에 관해 편안해하고, 정확한 의사소통이 이뤄진다고 느끼는 상태다.

이 상태에 도달했다는 신호는 미묘하다. 도움을 청한 사람은 더 적극적으로 자기의 이야기를 진단한다. 목소리 톤이 바뀌고 내용에서 더 자신감이 느껴진다. 자기 탓이나 남의 탓을 하는 경향이 줄어들고 객관적인 분석이 늘어난다. 도움을 주는 사람과 받는 사람이 함께 무엇이 잘못됐고 그 원인이 무엇인지 생각하는 동안 팀워크 정신이 생긴다. 짐은 나와 대화하면서 걱정하는 기미가 줄어들고 지난 네 건의 프로젝트 진행하는 동안 자신과 의뢰인 사이에서 무슨 일이 벌어졌는지 더 객관적으로 들여다보기 시작했다. 그에 따라 나도 훨씬 대립적인 질문을 할 수 있는 힘을 얻었다.

짐의 이야기를 통해 그가 매우 강력한 전문가·의사·진단가 역할을 수행하려 했고, 어떻게 해야 그 일을 최고로 잘해낼 수 있을지에 몰두한 나머지 과정 문제에 민감하게 반응하지 못했을 것이라는 확신이 점점 들었다. 나는 짐이 스스로에게 부여한 전문가 역할을 대면할 준비가 되어 있는지 확인하기 위해 질문의 범위를 넘어 직접적이고 대립적인 피드백을 제시하기로 했다. 컨설팅 분야에서 내가 누리는 권위를 짐도 이미 알고 있기 때문에 직접적인 피드백이 가능하다고 생각했다.

"혹시 자네 제안이 받아들여지지 않은 네 건의 프로젝트를 진행할 때 과정 컨설턴트 역할이 필요한 상황에서 자네가 의사 역할을 하려 한 게 아닐까? 마치 의사가 환자에게 진단과 처방을 내리는 것처럼 말이야. 보고서에 무엇을 포함시켜야 할지 혹은 누구에게 보고해야 할지에 관해 왜 CEO를 포함한 내부자들 두어 명과 상의하지 않았나? 왜 무엇을 누구에게 보고할지 혼자 결정하고 그 모든 것을 글로 써서 공식적인 프레젠테이션을 통해 보고해야겠다고 생각했는지 궁금하군." 내가 말했다

이렇게 길게 말하면서 나 자신도 조바심과 실망감을 느끼고 있다는 사실을 깨달았다. 과정 컨설턴트에 관해 잘 알고 있는 짐이 그 지식을 적절히 활용하지 못했기 때문이다. 내가 덧붙였다. "컨설턴트들이 늘 과정에 관한 결정을 모두 혼자서 해야 한다고 생각하고, 그런 결정을 고객 중 누구와도 공유하려 하지 않는 이유가 도대체 무엇일까? 어떻게 해야 할지 잘 모를 때는 다른 사람과 상의하는 게 좋지 않아?" 시간이 다 되어가고 있었고, 이 만남이 끝나기 전에 이런 견해를 짐에게 밝히고 싶었던 것이 내 솔직한 마음이었다.

짐은 쏟아붓는 듯한 내 말에 긍정적으로 반응하면서 즉시 왜 자기가 의사 역할을 수행해야겠다고 느꼈는지에 관해 생각해보는 듯했다. 그는 보수를 받았으니 자기가 가진 전문 지식을 이용해 일을 잘해내고 싶다고 생각했다. 그러나 어떤 식으로, 누구에게, 어떤 형식으로 보고할지에 관해 조직 내에서 믿을 만한 사람과 상의해서 결정했어야 한다는 사실도 깨달았다. 짐은 이제

기업 내에서 조직의 문제를 진단하고 해결책을 찾는 전문가 일을 하는 것과, 자신이 제시한 피드백을 고객이 잘 받아들이고 도움이 되는 내용으로 이해하도록 만드는 것의 차이를 이해했다. 그는 이 통찰을 다른 세 건의 작업에도 바로 적용했다. 자기의 제안이 내용 면에서는 완벽하지만 고객 기업의 문화와 정치적 과정에 어떻게 부합되는지에 대해 거의 생각하지 않았다는 사실을 알아차렸기 때문이다.

우리는 1시간가량 이 문제를 이야기했고 둘 다 새로운 통찰을 얻었다는 느낌을 받으면서 헤어졌다. 하지만 나는 과정 컨설팅을 매우 잘 알고 있는 짐이 의사 역할에 완전히 빠진 채 그 사실을 알아차리지도, 거기서 빠져나오지도 못했다는 사실이 어리둥절했고 좌절감마저 들었다. 도움을 주긴 했지만 나는 이 일을 마음속에서 놓을 수가 없었다.

사례 5:
병원 직원의 일방적인 선택

아내가 간단한 수술을 받은 후 포도상구균에 감염되어 병원에서 9일 동안 입원해 강한 항생제가 든 혈관 주사를 맞았다. 그

전에 받은 암치료 때문에 이미 아내의 체력이 약해진 터라 포도상구균 감염에 그녀의 건강은 더 악화됐다. 집에 돌아올 정도로 상태가 회복된 후에도 항생제 주사는 계속 맞아야 했다. 그녀의 퇴원 업무를 맡은 담당자는 아내에게 날마다 통원치료센터에 와서 주사를 맞으면 된다고 했다. 나나 딸이 보기에 아내에게는 매일 병원 대기실에서 얼마나 기다려야 할지도 모르는 시간을 보내면서 다른 환자들이 가졌을 균과 싸워 이길 체력이 없을 것 같았다. 화학요법치료를 받고 있었기 때문에 전반적인 면역력이 떨어져 있어서 더 걱정이었다.

　퇴원 담당 직원은 항생제 주사에 대해 설명하며 우리 집이 병원에서 그다지 멀지 않아 다행이라고 말했다. 하지만 우리는 그 병원에 간호사가 환자 집으로 방문해 주사를 놓아줄 수 있는 방문 간호사 제도가 있다는 이야기를 들은 적이 있었다. 그 제도에 대해 물은 우리에게 담당 직원은 전혀 주저하지 않고 말했다. "아, 그건 **굉장히** 비싸서 아마 원치 않으실 거예요." 얼마나 비싸냐고 묻자 그는 그제야 정확히는 모른다고 시인하며 알아봐주겠다고 말했다. 우리는 막막해졌을 뿐만 아니라 이 문제를 아내의 건강과 편안함이 아니라 가격으로 결정해야 한다는 사실에 매우 짜증이 났다.

　그 상황에서 퇴원 담당 직원이 놓친 것은 추가 감염과 환자의 불편함을 방지하는 게 돈보다 훨씬 중요하다는 사실이었다. 퇴원 담당 직원은 2~3일 정도는 간호사를 집으로 보내줄 수 있고 비용도 그다지 비싸지 않다며 신나서 말했다. 그리고 필요한 약과 주사 장비, 간호사 비용 등 각종 돈 문제를 거론하며 계속해서 모든 문제를 비용과 관련지어 이야기했다. 집에서 주사를 맞을 수 있다는 사실을 확인한 순간 아내의 얼굴에 떠오른 큰 안도의 표정을 퇴원 담당 직원은 알아차리지 못했다.

　퇴원 담당 직원의 실수는 비용이 우리가 내릴 결정의 가장 큰 고려 사항일 것이라고 추정하고, 집에서 주사를 맞는 선택지는 알아보지도 않은 점이었다. 자신이 비싸다고 생각한 서비스를 우리가 선택하지 않을 거라고 단정해버렸기 때문이다. 결국 집에서 치료를 받을 수 있게 됐지만 그 결론에 이르기까지 빙빙 돌아야 했던 모든 과정에 화가 났고, 퇴원 담당 직원의 태도와 내 아내의 건강 및 복지에 대한 무신경에 기분이 몹시 상했다.

사례 6:
지속적인 돌봄노동에 필요한 도움의 역할

　돕는 일이 가장 많이 실패하는 경우는 도움을 주고받는 것이 관계의 일부로 당연하게 받아들여지는 지속적인 관계에서 발생한다. 누가 아프다든지 상황이 일시적으로 변할 때 특히 이런 실수가 많아진다. 아내는 포도상구균에 감염되고 입원치료 끝에 퇴원한 후 집에서 항생제 주사를 맞을 수 있었다. 하지만 이틀 만에 새로운 균에 감염됐고, 다시 8일을 병원 입원실에서 지내야 했다. 두 번째 입원 후 집에 돌아왔을 때 그녀는 감염과 그 전에 받은 화학요법치료 때문에 매우 쇠약해졌을 뿐만 아니라 병원에서 보낸 기간의 두 배는 지나야 기력을 되찾을 수 있을 것이라는 경고를 들었다. 그래서 나는 적어도 한 달여 정도는 평소보다 아내를 돌보는 일에 있어서 더 많은 역할을 해야 했다. 그 기간은 도움 관계가 굉장히 깨지기 쉬우며, 한쪽이 거의 만성적으로 도움을 필요로 하는 상황일 때 편안하고 균형 잡힌 관계를 유지하기가 얼마나 어려운지 체득하는 기회가 됐다.

내 임무 중 항상 변치 않는 부분은 거의 모든 시간을 침대에 누워 지내야 하는 아내가 필요로 할 때 언제라도 그녀의 손발이 되어주는 일이었다. 침실이 2층에 있었기 때문에 아래층 부엌에서 무언가를 가져다주는 일이 많았다. 아내는 외부 도우미는 원치 않는다는 의사를 명확히 했고, 나는 운동 좀 해야겠다는 의사가 명확했기 때문에 상당히 자주 위층과 아래층을 오르락내리락해야 했지만 싫지 않았다. 이 역할의 가장 어려운 부분은 아래층에 있는 뭔가가 필요할 때마다 아내가 끊임없이 한 수 아래로 위상이 떨어진다고 느끼지 않도록 하는 일이었다. 퇴원해서 집에 돌아온 후 처음 며칠은 아내가 불안해하며 내게 옆에 있어달라고 부탁했다. 그래서 꼭 해야 할 집안일을 할 시간도 제한됐었다.

그녀가 한 수 아래라는 느낌을 덜 갖게 하는 데 도움이 되는 한 가지 방법은 그녀가 부탁하기 전에 먼저 물어보는 것이었다. 아래층에 갈 일이 있다면 부엌에서 필요한 게 있는지 물었다. 신문은 그녀가 쉬고 있는 침실에서 읽을 수 있었다. 내가 먼저 기꺼이 돕겠다는 의사를 밝히면 아내가 부탁을 하면서 비굴해지는 느낌을 받지 않아도 됐다. 일반화하자면, 도움을 요청하는 사람이 만성적으로 한 수 아래의 위상을 차지하게 되는 경우, 도움을 주는 사람은 상대방이 끊임없이 부탁하면서 자존심을 추가로 잃는 일이 최소화되도록 도움을 주겠다는 제안을 먼저 해야 한다. 돕는 사람은 물리적으로 더 능력이 있기 때문에 사실상 상황을 제어할 수 있으므로 양쪽 모두가 혜택을 보는 방향으로 그 힘을 이용하도록 주의를 기울여야 한다.

계속 의존해야 하는 상황에서 도움을 구하는 사람은 너무도 많은 부탁을 하는 데 죄책감을 가지게 된다. 돕는 사람은 도움을 주는 일이 자기에게도 좋다는 논리로 이 죄책감을 줄여줄 수 있다. 나는 아래층에 내려가야 할 때마다 아내에게 그게 좋은 운동이라고 반복해서 말했다. 그 주장의 효과가 떨어진 후에는 "다음 번에 내 음료수 가지러 갈 때 당신 물도 가져다줄게요" 하고 말했다. 아내가 조금씩 체력을 회복하면서 내 제안에 대해 점점 더 자주 "고맙지만 괜찮아요"라는 대답을 하기 시작했다. 남의 힘을 빌리지 않고 스스로 할 수 있는 일이 점점 늘어가면서 아내 얼굴에는 안도감이 생겼다. 자신감이 늘어가면서 아내는 필요할 때 도움을 청하는 것에 대해서도 더 편안해했다.

발생할수있는문제1: 원치않는도움

이런 상황에서 어떤 문제가 생길 수 있을까? 한번은 주사를 놓으러 방문한 간호사가 아내의 상태에 대해 몇 가지 질문을 했다. 아내는 위장에 문제가 있었지만 간호사에게 그 이야기를 하지 않았다. 그래서 내가 끼어들어 아내가 열거한 문제에 위장 문제도 보탰다. 그 즉시 아내의 얼굴이 굳어지는 걸 느꼈다. 나중에 안 일이지만 아내는 내가 끼어들어 대신 말한 것에 대해 굉장히 화가 났다. 내가 자신의 말에 반박하고 증상을 제대로 묘사하지도 않았기 때문에 전혀 도움이 되지도 않았다고 했다. 내가 허가 받지 않은 의사 역할을 한 것이다. 아내는 의사를 만났을 때도 내가 두 번이나 똑같은 짓을 했다고 상기시켰다. 자신이 보기에는 상관없거나 부정확한 정보를 보탰다는 것이다. 나중에야 나는 내 개입이 도움이 되지 않았을 뿐만 아니라 의사와의 관계에서 아내의 위상을 한 수 더 아래로 떨어뜨렸다는 사실을 깨달았다. 의사에게 알리고 싶은 정보를 직접 전달하는 법을 익히는 것이 그녀에게 가장 좋은 일이고, 내가 정보를 보태는 것은 아내와 의사와의 관계를 훼손한다는 사실을 뒤늦게 알았다. 나는 앞으로 의사를 만날 때 침묵을 지키겠지만 모든 정보를 알려야 한다는 내 욕구를 충족시키려면 그 전에 아내가 무슨 말을 할지 미리 한 번 살펴야겠다고 결심했다. 아내가 의사에게 무슨 이야기를 할 계획인지 질문함으로써 내 무지도 해소할 수 있을 것이었다. 내 생각에 중요한 정보를 그녀가 빠트렸다면 둘이 있을 때 이야기를 꺼내서 그 정보를 의사에게 말할지 말지 정하고 말한다면 어떻게 말할 것인지 상의할 수도 있었다.

아내의 입장에서 내 개입이 이롭지 않았다는 피드백 덕분에 나는 좀 더 나은 도움을 줄 수 있게 됐다. 도움이 너무 과할 때, 다시 말해 돕는 쪽이 너무 많은 제안을 하거나 적절하지 못한 순간에 개입할 때 도움을 받는 쪽은 적절한 신호를 보내야 한다. 돕는 쪽도 자기의 도움이 더 이상 필요하지 않아지면 그렇다는 의사를 전달받을 수 있어야 한다. 도움을 받는 쪽이 무턱대고 화를 내고 멀어져버리면 얻을 게 없다.

발생할 수 있는 문제 2 : 제어력 포기

만성적 도움 관계에서 가장 어려운 부분은 그동안 매우 적절하게 활용할 수 있었던 전문가·의사 역할을 포기하는 일이다. 아내는 몸 상태가 좋아지면서 자기 일을 스스로 하고자 하는 욕구도 커졌다. 그녀는 점점 적극적으로 행동했고 내가 전적으로 담당해온 일들도 일부 하기 시작했다. 그에 따라 내가 그간 루틴을 만들어 꽤 즐겁게 해내던 것 중 일부를 포기해야 했다. 그전까지 나는 대부분의 식료품 구매, 요리, 음식 준비를 도맡았다. 그리고 잘 돌아가는 나만의 부엌 루틴도 있었다. 이 분야에서 전문가라 자부했고, 내게 맞는 방식과 속도도 있었다. 그런데 아내가 회복하면서 집안일을 더 많이 떠맡았다. 그리고 가끔은 내가 원하는 속도보다 훨씬 더 빠르게 일을 처리하길 원했다. 그녀가 빨리 피곤해졌기 때문에 쉬고 싶어서였다. 나는 아내의 회복에 도움이 되는 방식으로 일을 처리하기를 원하면서도 한편으로는 느긋한 속도로 자리잡은 나만의 루틴을 포기하기가 어려웠다. 아내에게 계속 도움이 되려면 명백히 뭔가를 포기해야 했다. 덜 의존적인 사람이 되기를 원하는 아내의 바람에 새로이 초점을 맞췄고 그에 적응해야만 했다.

아내가 집안일을 더 많이 하게 되면서 서류를 작성하거나 컴퓨터로 처리해야 하는 일들이 밀리기 시작했다. 그럴 때면 자꾸 성급해지려는 내 마음을 억눌러야만 했다. 과거 방식, 그러니까 내가 질문을 읽고 아내가 대답을 하는 방식 혹은 내가 직접 컴퓨터 앞에 앉아서 문서를 작성하거나 검색하는 방식을 지속하면 일 처리 속도가 훨씬 빠를 것이라는 걸 나는 알고 있었다. 거기에 더해 컴퓨터가 한 대밖에 없는 마당에 그녀가 컴퓨터를 다 쓸 때까지 옆에서 기다려야 하는 상황을 받아들이기도 힘들었다. 나는 도움을 주는 사람에서 옆에서 지켜보는 사람으로 역할을 전환했다가, 아내가 무엇을 가져다달라거나 무엇을 해달라고 부탁하면 즉시 도움을 주는 사람으로 전환하는 법을 익혀야 했다.

어쩌면 가장 어려운 일은 실수를 지적받는 일이었는지도 모른다. 자신감과 에너지가 높아지면서 이제 내가 매우 능숙해졌다고 자부하는 일을 할 때마저도 아내는 잘못된 부분을 지적하기 일쑤였고 점점 그 빈도도 늘어갔다. 음식 준비가 됐든 운전 방식이 됐든 혹은 어떤 브랜드의 참치를 사야 하는지가 됐든(그녀가 항상 선택하던 브랜드가 있다는 것을 잊어버리고 우리가 좋아한다고 생각했던 브랜드를 집어들었을 때였다) 내 자존감 자체에 도전을 받으면서는 도움을 주는 태도를 유지하기가 어려웠다.

이런 상황에서 생길 수 있는 어려움은 다음 두 가지 방법으로 피할 수 있다. (1) 내 안에서 무슨 일이 벌어지고 있는지 파악하는 질문을 스스로에게 던져서 파괴적인 덫에 빠지는 것을 피하기, (2) 아내가 왜 그 이야기를 꺼냈는지, 그것이 아내에게 얼마나 중요한지 이해하는 데 필요한 정보를 더 얻는 겸손한 질문하기. 잠재적으로 충돌이 생길 수 있는 상황이 벌어질 때마다 나는 이 방법을 슬쩍 써봤고, 아내가 그렇게 행동하는 이유를 알게 된 후에는 긴장을 풀고 도움이 되는 과정 컨설턴트 역할로 돌아갈 수 있었다. 아내가 스스로 무엇을 얼마나 원하는지가 명확하다는 것을 안 후 나는 그녀가 자기 음식을 직접 준비하도록 두는 쪽을 택했다. 병원에 오래 입원했던 터라 아직 외출할 때마다 굉장히 긴장한다는 것을 이해한 후에는 운전을 더 천천히 했다. 마트로 돌아가 다른 브랜드의 참치를 사오겠다고 제안하기도 했다(결국 아내도 브랜드를 그다지 따지지 않는다는 걸 알게 돼서 마트까지 다시 가지 않아도 됐다). 아내가 천천히 설문지에 응답하는 동안 나는 스도쿠 퍼즐을 풀었다. 내가 더 많은 정보를 바탕으로 점차 행동을 바꾸면서 우리는 편안하게 도움을 주고받는 관계를 유지할 수 있었고, 나는 필요에 따라 유연하게 전문가에서 과정 컨설턴트로 역할을 바꿀 수 있었다.

이 장에서는 구체적인 사례를 통해 도움이 오가는 모든 상황에서 적절한 사회경제학적 관계를 유지하고 역할을 선택하는 데 질문을 하는 것이 얼마나 중요한지 알아봤다. 지속적으로 도움을 주는 상황에서는 파괴적인 덫에 빠지지 않고 자신의 마음을 이해하려면 스스로 질문을 하는 것과 필요에 따라 역할을 바꾸는 법을 배우는 것이 특히 중요하다.

7

훌륭한 팀워크를 만드는
도움의 역학

리더가
취해야 할 태도

팀워크와 팀 구축이 조직성과에 핵심적인 요소라는 개념이 확산되고 있다. 기업 경영, 운동 경기, 가족 관계 혹은 두 사람 간의 협력 업무 등 거의 모든 상황에서 팀워크는 중요한 역할을 한다. 조직개발에 관한 다양한 각도의 책 중에서도 팀 구축을 주제로 한 책을 가장 흔히 볼 수 있다. 그럼에도 불구하고 팀워크의 핵심이 무엇인지는 명확하지 않다. 하지만 구성원 모두가 그룹이 하려는 일에 관계된 각자의 역할을 수행해야 한다는 사실만큼은 확실하다. 삶이라는 다양한 무대에서 자신의 역할을 찾는 일이 얼마나 복잡한지 앞부분에서 많이 이야기했지만, 특히 힘을 합해 무언가를 해내려는 그룹 안에서 역할을 찾기란 더욱 힘들다. 여러 사람이 내게 기대하고 있는 내용을 알아내는 것은 한 사람이 기대하고 필요로 하는 것을 알아내는 일보다 어렵다.

팀이 지속적으로 성과를 내려면 팀의 각 구성원이 자신의 역할을 계속 제대로 수행하리라는 신뢰가 있어야 한다. 구성원 중한 명이 갑자기 나타나지 않는다거나 자기 역할을 수행하지 않는 것만큼 팀에 타격이 가는 일은 없다. 여기에는 사회경제학적요인도 작동한다. 그룹의 구성원으로 자신이 팀에 주는 만큼 얻는 것이 있다고 느껴야 한다. 모든 구성원이 같은 위상을 갖지는 못하겠지만 각자의 기여도에 상응하는 위상은 누릴 수 있어야한다.

이런 관점으로 보면 효율적인 팀이란 각 구성원이 자신의 역할을 적절하게 수행해 다른 구성원을 **도움**으로써 모두가 공평하다고 느낄 뿐만 아니라 성과에 대한 압력이 높을 때마저도 상호신뢰가 굳건히 유지되는 팀이라 규정할 수 있다. 다른 말로 표현하면 팀워크의 핵심은 팀의 모든 구성원이 서로 도움을 주는 관계를 구축하고 유지하는 것이다.

두 가지 사례를 들어보자. 프로 미식축구 경기에서 좋은 성적을 낸 러너는, 다시 말해 90미터 이상 전진해서 팀을 승리로 이끈 러너는 라인맨들에게 저녁을 대접하곤 한다. 그들의 뛰어난

수비 없이는 모든 게 불가능하다는 것을 잘 알고 있고 그에 대해 고맙다는 표현을 하기 위해서다. 새로 개발된 최소침습 심장시술을 하게 된 외과팀에서 외과의사, 마취과의사를 비롯한 팀 구성원 모두가 끊임없이 의사소통하고, 상대가 보내는 신호를 완전히 신뢰해서 시술을 성공적으로 마친 것이 또 다른 예다.

에이미 에드먼슨 Amy Edmundson 은 새로운 시술을 시작한 16개의 수술팀을 연구했는데 그중 7개 팀이 효율적인 팀워크를 유지해서 이 시술을 계속했고, 나머지 9개 팀은 편안한 관계를 만들어내는 데 실패해서 시술을 계속하는 것을 포기했다는 사실을 알아냈다. 어떤 차이가 있었을까? 성공한 팀을 이끈 외과의사들은 처음부터 자기들이 다른 사람의 도움을 필요로 한다는 사실을 인정하고 구성원들과 함께 훈련했다. 그 덕분에 각자의 역할을 파악하고 균형 잡힌 관계가 형성됐다. 이것이 가능하게 된 데에는 외과의사들이 자신들에게 진정으로 도움이 필요하다는 점을 인식하고, 공개적으로 그 사실을 인정함으로써 팀 구성원들이 더 높은 위상을 확보했기 때문이었다. 그에 따라 모든 구성원에게는 전 과정에 더 많이 협조하고 공헌하고 싶은 동기가 생겼다. 그중 한 외과의사는 이렇게 말했다. "집도의 자신이 독재자가 아니라 동반인의 자격으로 참여하는 것이 매우 중요합니다. 예를 들어, 팀의 다른 구성원이 유용한 제안을 하면 하던 일에 변화를 줄 수 있

어야 하지요. 누군가가 책임자 역할을 해야 하긴 하지만 독재자
와는 다릅니다."

　　외과의사가 자신을 주인공으로, 다른 구성원은 각자의 일을
하는 '기술을 갖춘 보조원'으로 간주한 팀들은 성공하지 못했다.
이 외과의사들은 자신의 우월한 위상을 유지하기 위해 합동 훈련
에 참여하지 않았다. 합동 훈련을 거치지 않았기 때문에 팀원들
은 시술 전 서로의 역할을 이해할 기회가 없었다. 여기서 배울 수
있는 중요한 교훈은 그룹에서 더 높은 위상을 누리는 사람이 다
른 사람의 말에 적극적으로 귀 기울이는 태도 등으로 겸손함을
보이면 팀이 잘 돌아갈 확률이 높아진다는 점이다. 이런 행동은
좋은 성과를 내는 데 있어 다른 구성원들이 중요하다는 사실을
인정하는 것이고, 구성원은 정체성과 그룹 내 자신의 역할을 확
립할 수 있는 심리적 여유를 확보하게 된다. 앞에서 인용한 외과
의사의 말처럼 여전히 누군가가 책임자 역할을 하고 있지만, 그
룹이 변화하더라도 구성원들은 여전히 자신의 임무를 완수하고
개인적 욕구 또한 충족시키는 각자의 자리를 찾아낼 수 있다. 이
렇게 하면 위상과 지위가 평등해지지는 않더라도 구성원들은 자
신의 역할에 상응하는 위상에 편안함을 느낀다.

뛰어난 팀워크는
리더가 만든다

나는 함께 일해야 할 그룹의 모든 구성원들 사이에 만들어
지는 다중적 상호도움 관계를 **팀워크**라고 정의한다. 따라서 팀을
구성하는 것은 도움을 요청하는 한 명과 도움을 요청받은 한 명
사이가 아니라 모든 구성원 사이에 동시적으로 관계를 형성하는
일이다. 새로 팀을 구성할 때 모든 구성원이 서로와의 관계, 그리
고 공식적 권위와의 관계를 이해하고 형성할 수 있도록 돕는 것
이 현명한 리더의 역할이다. 리더는 이런 관계가 구축될 수 있도
록 시간과 자원을 들여야 한다. 구성원들이 서로를 돕게 하려면
리더가 먼저 그들이 갖고 있는 네 가지 근본적인 심리적 문제를
극복하도록 도와야 한다. 이 문제가 먼저 해결돼야 그룹 내에서
각자의 정체성을 확립하고 자신의 역할에 편안함을 느낄 수 있
다. 도움을 주는 여느 상황과 마찬가지로 리더는 먼저 과정 컨설
턴트 역할을 수행해서 구성원들이 이 문제에 대해 편안함을 느낄
수 있는 분위기를 조성해야 한다.

1. 나는 어떤 구성원이 될 것인가? 이 그룹 안에서 내 역할은 무엇
   인가?

2. 이 그룹 안에서 나는 얼마나 많은 제어력과 영향력을 발휘할 수 있을까?

3. 나의 목표와 필요가 이 그룹 안에서 충족될 것인가?

4. 이 그룹 안의 친밀도는 어느 정도인가?

첫 번째 질문은 우리가 살면서 직면하는 상황에 따라 다양한 모습을 띠게 되는 사회적 현실을 반영하고 있다. 새로운 상황이 시작될 때 우리는 자신이 이미 가지고 있는 다양한 역할의 레퍼토리 중 하나를 선택할 준비가 되어 있다. 이 선택은 상당히 즉각적으로 해야 하는데 그 때문에 어떤 역할을 선택해야 할지 파악하기 전까지는 긴장되고 불안하다. 그런 면에서 성공적인 그룹의 외과의사들은 구성원들 사이의 상호의존성을 강조했고, 합동훈련을 통해 각 구성원 모두가 이 과정에 꼭 필요한 존재라는 신호를 보냈다. 그들은 수술팀을 구성하는 데 필요한 특정 기술뿐만 아니라 팀의 구성원으로 일할 수 있는 능력, 다시 말해 자기 본위가 아니라 남을 도울 수 있는 능력도 갖춘 사람들을 선택했다. 성공하지 못한 팀의 외과의사들은 자신의 역할만이 필수불가결하다고 강조했고, 그로 인해 팀의 나머지 구성원들은 언제든 대체될 수 있는 용병이라는 느낌을 받았다. 두 번째 그룹의 구성원은 전문 지식을 가진 사람들로 무작위 선택했고, 팀의 일원으로 일하는 능력에는 주의를 기울이지 않았다.

이 부분을 일반적인 팀 구성에 적용해보자. 우리는 자신이 대체 가능한 자원이 아니라 대체 불가능한 구성원이고 팀에 공헌할 것이 많다는 신호를 받을 때 위상이 올라간다. 이런 느낌을 받으면 다른 구성원에 비해 위상이 조금 낮더라도 괜찮다고 생각한다.

두 번째 질문은 인간은 누구나 어느 정도의 영향력을 행사하고 싶어 한다는 점을 강조한다. 그러나 꼭 다른 구성원과 같은 양의 영향력을 원한다는 것은 아니다. 팀을 형성할 때 구성원들이 상황을 살필 시간을 주는 게 중요하다. 이 시간 동안 구성원들은 자기가 얼마만큼의 영향력을 확보해야 할지 생각해보고, 그것을 다른 구성원들의 필요에 맞춰 조정한다. 그 결과 모두 서로 다른 기술을 가지고 있다는 것을 알게 되고, 그 기술 중 어떤 게 그룹의 성과에 더 중요하며 결과를 만들어내는 데는 모두가 어느 정도 영향력을 행사할 수 있다는 사실을 깨닫는다. 성공적인 수술팀에서는 합동 훈련 과정에서 이 사실을 모두 명백히 이해했다. 성공하지 못한 팀의 구성원들은 꼭 필요한 유일한 구성원은 외과의사뿐이고 자기들은 그의 필요에 따라 대응하는 부품이라는 식으로 상황을 이해했을 것이다. 따라서 자기가 중요한 구성원이라는 느낌을 훨씬 적게 받고, 임무를 완벽하게 수행해야 할 책임도 크게 느끼지 못했을 것이다. 게다가 합동 훈련 과정이 없었으므로 외과의사가 어떤 도움을 필요로 하고 원하는지 파악하지 못했을 수도 있다.

세 번째 질문은 우리가 왜 애초에 그룹에 참여하게 되는지에 관한 것이다. 내 필요와 목표는 무엇인가, 그리고 그룹에 대해 더 잘 이해하게 되면 그 필요와 목표를 이룰 수 있는 것인가? 성공적인 그룹을 이끈 외과의사들은 구성원들을 초대하기 전에 이 부분을 고려했음이 틀림없다. 후보가 팀의 구성원이 되는 데 진심으로 흥미를 보이지 않았다면 초대되지 않았을 것이다. 그 사람의 필요와 목표가 이런 종류의 시술 과정에 적합하지 않았기 때문이다. 반면 성공하지 못한 그룹의 외과의사들은 독단적으로 구성원을 선택했다. 어쩌면 그 구성원들은 처음부터 그 팀에 들어가고 싶지 않았지만 위상이 낮아 거절할 용기를 내지 못했을 수도 있다. 다시 말해, 도움을 주고받을 사람을 구할 때는 후보자의 필요와 목적을 알아내는 시간을 가져야 한다.

마지막으로, 네 번째 질문은 그룹의 구성원들이 개인·감정적으로 얼마나 얽히게 될지에 관한 문제다. 그냥 맡은 일만 하면 되는 것인가, 아니면 솔직하게 터놓고 개인적인 이야기와 목표에 관해 이야기하고 다른 구성원들과 비공식적인 활동을 많이 하게 될 것인가? 누구나 역할의 한계가 있으므로 새로운 그룹에 들어갈 때 그 그룹이 한계보다 더 많은 것을 원하는지, 아니면 훨씬 적게 원하는지 시험해봐야 한다. 일정 기간 훈련이나 팀워크 수련회를 통해 구성원끼리 손발이 맞지 않을 수도 있다는 가능성을 열어둔 채 시험해보고, 정말 맞지 않는다면 팀이 본격적인 활동을 시작하기 전에 떠날 기회를 줘야 한다.

그룹 형성 초기, 서로에 대해 알아가기 시작할 때 구성원들은 각자가 얻는 반응들을 통해 저 네 가지 질문에 대한 답을 찾는다. 모두들 어느 정도 자신의 정보를 노출하고 자기가 주장하는 가치를 다른 구성원들이 얼마만큼 인정해서 체면을 유지하도록 돕는지 시험한다. 상호인정은 정체성을 평가하는 기준이 된다. 우리의 역할은 팀에 얼마나 공헌해야 하고 거기서 무엇을 어느 정도 얻을 수 있는지에 따라 형성된다. 구성원마다 서로 다른 필요와 기술을 가지고 있고, 그에 따라 다양한 영향력과 위상을 누리게 된다. 구성원들은 서로를 받아들일 수 있어야 하고, 이를 바탕으로 쌓인 신뢰는 그룹의 수행 능력을 유지하는 데 없어서는 안 될 요소다. 서로를 받아들인다는 것이 꼭 서로를 좋아해야 한다는 뜻은 아니다. 효율적인 팀이라고 모두 서로 사랑하는 관계로 형성되어 있지는 않다. 다만 팀의 목표를 성취하기 위해 구성원 모두 자기 역할을 잘 해낼 것이라고 믿을 수 있을 정도로만 서로를 잘 알면 된다.

구성원들이 이 네 가지 질문에 대해 만족스러운 답을 얻기 전까지는 모두 딴 데 정신이 팔려 있고 불안하기 때문에 팀의 실제 임무에 집중할 수 없다. 팀을 만들어나가는 리더는 이 사실을 잊지 말아야 한다. 해내야 할 일이 중요하고 복잡할수록 반드시 모든 구성원이 완전히 임무에 집중하도록 편안한 수준에 도달할 시간을 충분히 확보해야 한다. 자신의 정체성이 무엇인지, 얼마나 영향력을 행사할 수 있는지, 자신의 필요를 충족할 수 있는지, 서로 간의 관계가 너무 딱딱할지 혹은 풀어질지를 파악하지 못한 구성원이 있으면 그룹은 효과적으로 작동하지 못한다.

리더는 각 구성원이 이 문제의 답을 스스로 찾을 수 있는 시간을 확보해줘야 한다. 그룹 결성 초기에 저녁 식사나 단체 스포츠 활동 등 비공식 모임을 시작하는 것도 이런 이유 때문이다. 이 기회를 통해 팀 단위로 임무를 시작하기 전에 서로를 파악할 수 있다. 실패로 끝나는 그룹은 역할 관계가 정립되기 전에 임무 수행에 들어간 경우가 많다. 공식적으로 역할을 지정해주는 것은 별 효과가 없다. 구성원들은 여전히 앞에서 언급한 질문들에 정신이 쏠려 있고 다른 구성원들이 어떻게 반응할지 충분한 정보를 확보하지 못했기 때문이다. 이는 실패한 수술팀들의 사례에서 잘 알 수 있다. 그 사례에서 일부 외과의사들은 팀 구성원 모두가 전문가들이므로 각자 임무를 잘 수행할 것이라 기대했다. 잘못된 생각이었다. 신뢰를 바탕으로 도움을 주고받는 관계를 정립해야 할 필요성을 무시한 것이다. 서로를 알아가려면 질문을 주고받을 시간이 필요하다. 그런 과정을 통해 신뢰와 도움 관계가 구축된다.

이렇게 시험하는 과정은 임무를 수행하는 초기에도 계속되고 훈련과 연습 기간 후 행해지는 검토 기간까지 이어진다. 초기의 성과를 검토하는 일은 두 가지 이유에서 중요하다. (1) 수행 성과 자체를 분석해 잘한 부분과 더 향상할 수 있는 부분의 식별이 가능하다. (2) 각자 맡은 역할을 재고하고 협상할 기회가 될 수 있다. 따라서 검토할 때는 공식적인 위상을 최소화해서 모든 구성원이 자기 역할의 모호한 부분과 관계의 불균형을 허심탄회하게 표현하게 해야 한다. 군대에서는 '사후검토'라는 것을 할 때 사병과 장군이 일어난 일과 그 이유에 대해 이야기할 권리를 동일하게 누릴 수 있는 분위기를 조성하려고 노력한다. 같은 맥락에서 진행한 수술에 대해 사후검토를 할 때 의료기사, 간호사, 집도의 등은 모두 서로 다른 시각에 따라 각자의 의견을 낼 권리가 동일하다고 느껴야 한다. 위상의 차이에도 불구하고 의견을 피력할 수 있도록 하는 것은 팀의 임무 수행에 있어 핵심적인 요소이기 때문에 검토 과정에서 꼭 실천해야 한다.

팀의 목표를 달성하고자 그동안의 진척 상황을 검토하는 이런 종류의 의사소통을 피드백이라고 한다. 피드백을 주고받는 것은 도움 관계에서 꼭 필요하다. 특히 팀의 맥락에서 이 요소는 더욱 중요하므로 이 장의 뒷부분에서 더 자세히 다룰 예정이다.

요약하면, 효율적인 팀은 구성원 모두가 각자의 역할을 이해하고 그 역할을 편안하게 느끼는 팀이다. 그런 팀의 구성원들은 팀의 성과에 자신이 한 기여와 그에 따라 공식적으로나 비공식적으로 얻는 보상이 공정하다고 느낀다. 그런 의미에서 구성원들은 서로를 돕고, 팀 전체를 돕는다. 모두가 도움을 받는 사람인 동시에 도움을 주는 사람이다. 함께 관계를 만들었기 때문에 수행해야 할 임무에 따라 모두가 그때그때 전문가나 의사 역할을 맡거나 예상치 못한 일이 벌어져서 질문해야 하거나 즉흥적인 결정이 필요할 때는 과정 컨설턴트 역할을 수행한다. 잘 기능하는 팀에서 일부 구성원이 상대적으로 훨씬 더 많이 기여한다 할지라도 모두가 편안히 자기 역할에 머무르고 거기에 따른 임무를 수행한다. 모두가 자신의 역할을 이해하고 합의한 상태라면 공헌도가 낮은 구성원을 포용해서 다 같이 나아갈 수 있다. 그러나 처음부터 역할이 불분명하거나 구성원들이 합의된 각자의 역할에서 벗어나면 그 팀은 무너지고 만다. 맡은 역할에서 벗어난다는 말은 참석하지 않는다거나 필요한 일을 하지 않음으로써 도움을 주지 않거나, 혹은 원치 않는 코멘트나 행동 등으로 다른 구성원의 영역을 침해하는 식으로 너무 많은 도움을 주는 것을 뜻한다.

　나와 아내가 힘을 합쳐 저녁 식사 파티를 준비하는 경우를 예로 들어보자. 우리는 각자의 역할을 이해했지만 내가 내 역할에서 벗어나 아내가 준비하던 음식이 담긴 냄비 뚜껑을 열고 젓는 일까지 나서서 했다. 아내는 그 때문에 레시피에 따라 요리하기가 훨씬 힘들어졌다. 그녀는 내 행동이 도움이 되지 않는다는 피드백을 적절하게 줬고, 내가 간섭하는 일을 멈추자 팀이 다시 잘 작동하기 시작했다. 합의된 역할에서 벗어나도 도움이 될 때가 있다. 가령 내가 냄비에 든 음식이 탈 것 같아 불을 줄인 것처럼 말이다. 그런 경우에는 아내가 도와줘서 고맙다고 했다.

팀을 발전시키는 평가

　팀원들 사이에 오가는 도움은 팀이 수행하는 실제 임무와 구성원들의 상호의존도에 따라 결정된다. 미식축구팀에서는 블로킹, 공 들고 달리기, 패스된 공 잡기 등 구성원 각자가 가진 특정 역할이 있다. 그러나 더 상호작용을 많이 하는 하키, 축구, 농구 등의 스포츠에서는 다른 구성원들이 어떤 역할을 하는지에 따라 승패가 갈린다. 무엇이 도움이 될지는 상황에 따라 달라지기에 불확실하다. 각 구성원은 자기 역할이 무엇인지도 잘 알아야 하고 예상치 못한 일에 반응하는 법도 알아야 한다. 누군가가 예상치 못한 우발적 상황에 특히 잘 대처했을 때 우리는 "**정말** 도움이 됐어요" 하고 말한다. 그 말에는 보통의 도움은 당연하게 받아들이지만 그 상황에서 보여준 획기적인 도움은 특별해서 언급할 가치가 있다는 암시가 들어 있다. 돌발적인 상황은 언제나 일어나게 마련이므로 팀의 성과를 평가하고 분석하는 일은 초기의 시험과 학습 과정뿐만 아니라 한 업무가 끝날 때마다 하는 것이 중요하다. 성공적인 수술팀 중 하나는 이렇게 말했다(Edmondson 2001). "시술을 한 건씩 마칠 때마다 어떻게 하면 더 잘할 수 있었는지, 무엇을 달리했어야 했는지 보고회를 가졌다. 그런 과정은 다음 시술에 영향을 끼쳤다." 이런 평가 과정에서는 팀원들의 행동을 세 가지 측면으로 분석해야 한다. 일상적 임무를 얼마나 잘 수행했는가, 돌발 상황에 어떻게 반응했는가, 어떤 행동이 도움이 되지 않았는가이다. 구성원들은 서로의 역할 수행을 어떻게 보았는지에 관한 피드백도 주고받았다.

사후평가 과정에서 더 명백한 도움 요청이 나올 수도 있다. 팀원들은 자기 일을 더 잘하는 데 필요한 도움을 구할 수도 있고, 다른 구성원의 성과를 높이는 데 도움을 주겠다고 제안할 수도 있다. 이런 상호작용 과정에서 관계에 균형이 잡히고 역할이 더 명확해진다. 수술 과정을 관찰한 간호사가 집도의에게 수술의 일부분을 어떻게 하면 향상시킬 수 있을지 코치하는 상황이 얼마나 복잡할지 상상할 수 있을 것이다. 외과의사가 도움을 구했다 할지라도 그 요청에 응한 간호사는 초기에는 매우 조심스러운 과정 컨설턴트 역할로 접근해야 할 것이다. 서로의 체면을 보호해야 하는 문화적 원칙은 여기에서도 계속 적용된다.

팀이 활동하는 동안 도움을 주고받는 일은 즉각적이며 즉흥적으로 이뤄지는 경우가 많다. 말로 도움을 구하거나 도와주겠다는 제안을 할 시간이 없을 때도 많다. 상대편 선수가 블로킹 당하지 않고 쿼터백에게 빠르게 접근하고 있는데 자기 편에서 그를 보호할 선수가 없다는 것을 깨달은 라인맨이라면 도와주겠다는 제안을 굳이 말로 하지 않고 바로 반응할 것이다. 수술 부위를 절개한 상태에서 문제가 생긴 것을 본 간호사는 집도의가 무엇을 원하는지 묻지 않고 바로 필요한 기구를 건네는 식으로 반응한다. 효율적인 팀에서 자주 일어나는 이런 종류의 고도의 협응은 긴 훈련 기간이 없이는 불가능하다. 긴 시간에 걸쳐 상담한 심리상담사와 내담자 사이처럼 상호신뢰 관계가 형성된다. 그러나 신뢰가 돈독한 관계에서도 존대와 처신의 규칙이 지켜지지 않거나 도움을 요청했는데 상황에 맞지 않고 공평하게 처리되지 않으면 언제라도 의사가 간호사의 기분을 상하게 하거나 혹은 그 반대 현상이 일어날 수 있다는 사실을 놓치지 말자.

큰 성과를 내는 팀의 분명한 이유

구성원 모두가 얼마나 서로를 잘 돕는 조력자가 되는지는 실제 임무가 얼마나 상호의존적인지에 달려 있다. 동시에 서로에게 의존해야 하는 임무, 즉 동시적 상호의존성을 가진 임무를 수행할 때는 서로 돕는 일이 가장 중요해진다. 두 사람이 긴 톱을 들고 커다란 나무를 베어야 할 때 서로 돕지 않으면 일을 할 수 없다. 여섯 사람이 관을 지고 가는 상황이라면 한두 사람이 자기가 져야 할 무게를 들지 않는다고 해도 관이 땅에 떨어지지는 않는다. 마케팅 전략을 세우는 위원회 역시 별 도움이 되지 않는 위원이 몇 있다 하더라도 결론을 도출해낼 수는 있다. 하지만 앞에서 예로 든 수술팀은 상호의존도가 매우 높아서 어떻게 서로를 도와야 할지 배우는 것이 중요하고 필수적이다. 농구, 축구, 하키 등의 팀 스포츠에서는 팀원이 서로를 얼마나 돕는지가 성과에 직접적인 영향을 끼친다. 패스 기술과 다른 선수가 점수를 낼 수 있게 어

시스트하는 기술이 팀워크를 결정하는 경우가 많다. 미식축구 경기에서 벌어질 수 있는 극적인 장면을 상상해보자. 쿼터백이 추격당하고 있다. 다운필드 리시버가 상대 팀 수비수가 없는 쪽으로 달려가서 태클당하지 않고 마지막 패스를 받을 수 있는 위치를 점한다. 이렇게 동시적 상호의존성을 가진 임무를 수행할 때 극도로 좋은 성과를 내려면 개인적으로 기술을 연마하는 것만으로는 부족하다. 팀의 구성원 모두가 서로 돕는 기술을 배우는 것이 중요하다. 팀 리더와 코치가 그런 학습을 유도할 수 있다.

조립 라인같이 상호의존하는 일이 시차를 두고 벌어질 때는 이어달리기처럼 모든 연결점에서 돕고 돕는 관계가 필수적이다. 바통을 건네는 주자가 역할을 제대로 해내려면 다음 주자가 바통을 받기도 전에 서둘러 출발하지 말아야 한다. 같은 맥락에서 바통을 받는 주자는 달려온 전 주자가 바통을 확실히 건네줘야 자기 몫을 해낼 수 있다. 한 주자가 아무리 잘 달려도 바통 건네기가 잘되지 않으면 이어달리기는 실패한다. 작은 팀에서는 충분한 도움이 오지 않으면 바로 교정할 수 있다. 문제를 바로 식별하는 게 가능하기 때문이다. 그러나 여러 단계로 분할해서 임무를 수행하는 환경에서는 도움이 제대로 오지 않아도 바로 알아차리기가 힘들다. 공장의 조립 라인이나 큰 기업 사무실처럼 도움을 구하는 요청이 몇 단계를 거쳐야 승인되는 경우가 그런 예다.

최종 소비자나 마지막 단계의 품질 관리사가 품질이 좋지 않거나 생산 속도가 너무 느리다는 사실을 알아차린다 해도 그에 대해 조치를 취하는 일이 거의 불가능할 수도 있다. 취약한 연결 고리를 찾기가 쉽지 않기 때문이다.

상호의존도가 낮은 업무일수록 서로 돕는 관계의 중요도도 떨어진다. 개인 영업 할당량을 채워야 하는 판매원은 서로를 돕지 않는 것이 유리하다. 그러나 중요한 고객은 같은 회사의 판매원 여럿이 함께 응대하는 경우가 많고, 그럴 때는 판매원이 서로를 돕는 상호의존적 관계가 형성된다. 가령 시카고의 유명한 즉흥 코미디 카바레 '세컨드 시티'에서는 코미디언 두 명이 스탠드업쇼를 하면서, 먼저 한 코미디언이 내뱉은 대사를 두 번째 코미디언이 받아 결정적인 한마디를 날려서 청중을 폭소하게 하는 방식으로 쇼를 구성하는 경우도 많다. 중요한 점은 서로 돕는 게 얼마나 중요한지는 그 그룹이 수행하는 임무 성격에 따라 좌우된다는 것이다. 팀이라고 해서 항상 함께 일해야 할 필요는 없다. 모든 임무가 다른 구성원의 도움을 필요로 하지는 않기 때문이다.

도움 관계의
필수 요소

피드백은 현재 진행 상황이 예정에서 벗어나지 않고 있는지 알게 해주기 때문에 목표를 달성하는 데 도움이 된다. 방향이 틀렸거나 속도가 느릴 때 피드백을 받으면 자동적으로 시정 조치를 취하게 된다. 방이 너무 덥거나 추우면 온도 조절기에 신호가 가서 난방이나 냉방이 시작되는 것과 마찬가지다. 도움을 청한 사람이 어떻게 하면 문제 해결이라는 목표를 향한 경로에서 벗어나지 않을지 물을 때 피드백은 필수적인 역할을 한다. 이런 의미에서 우리는 일상적으로 피드백을 구해서 자신이 의도하는 바가 잘 전달되거나 이뤄지는지 확인하곤 한다. 그러나 정보, 특히 노골적으로 도움을 청할 때 오가는 정보가 유용하려면 목표와 관계가 있어야 한다. 도움을 주는 사람은 상대방이 지향하는 목표가 무엇인지 확실히 이해해야 하고 그러려면 피드백을 주기 전에 겸손한 질문을 던져야 한다.

그룹 환경에서는 유용한 피드백이 특히 중요하다. 피드백 없이는 목표에서 어긋나는 행동을 시정할 기회도, 더 효율적으로 목표를 이루는 방법을 배울 기회도 없기 때문이다. 진행 상황을 확인·검토하고 유용한 피드백을 주고받을 수 있는 대화를 시작하는 것은 모두 좋은 팀워크를 만들고 유지하는 도움 과정에 필수적이다.

구성원들은 서로 체면을 깎거나 모욕감을 주지 않으면서 자기 자신과 다른 사람들의 업무 성과를 분석하고 비평하는 방법을 배워야 한다. 이 말은 부하 직원은 상사에게 부정적인 내용을 전달하는 법을 배우고, 상사는 불편한 진실을 말한 부하 직원에게 불이익을 주지 않는 법을 배워야 한다는 의미다. 다시 말해, 건설적인 방식으로 피드백을 주고받는 능력이 필요하다.

이런 종류의 의사소통이 안전하게 이뤄지려면 '오프라인'으로 여겨지는 시간과 장소를 마련해야 한다. '오프라인'은 체면을 지키기 위한 일상적인 규범을 잠시 잊고, 보통 때 같으면 위협적으로 느껴질 말도 허용되는 분위기를 만드는 것이다. 앞에서 언급한 일본 기업의 예에서 간부들이 사장과 술을 마시며 하고 싶은 이야기를 나누는 문화는 오프라인 환경을 만드는 방법 중 하나다. 서구 문화에서는 사후검토 회의를 이벤트화해서 리더가 직급과 위상을 잊어버리자고 선언해 비공식적인 분위기를 만드는 경우가 많다.

나는 기관 등에 컨설팅을 해주거나 동료 학자들과 커리큘럼을 짜기 위해 함께 일할 때 과정에 관한 검토를 하자고 제안한 적이 많았다. 그리고 팀 구성원들이 형식적 직급이나 위상에 신경

쓰지 않고 자유롭게 말하고 건설적인 피드백을 할 수 있도록 최선을 다했다. 처음부터 자동적으로 그런 분위기가 형성되지는 않았다. 우리 모두 체면을 잃을 위험 없이 도움이 되는 피드백을 주는 방법을 배워야만 했다. 어떻게 그것을 배울 수 있었을까?

피드백이 도움이 되려면 무엇보다도 이 책에서 도움을 주고받는 관계에서 필수적이라고 정의했던 기본적 법칙을 따라야 한다. 화가 난 목소리로 동료에게 "피드백 좀 줄까?" 하고 외치는 것은 누가 봐도 도움을 주는 것과 거리가 먼 행동이다. 부하 직원과 연말 평가 및 연봉 협상을 하는 상사라 할지라도 "이런 점이 단점이니 고쳐야 하고, 이러이러한 이유에서 연봉 인상을 해줄 수가 없어요" 하고 말하는 것은 도움이 되지 않는다. 무엇이 잘못된 걸까?

일반적으로 요청받지도 않았는데 주는 피드백은 도움이 되지 않는다. 바로 앞 장에서 살펴봤듯이 도움을 주는 사람은 도움을 청한 사람이 해결하려는 문제가 무엇인지 알아낸 후에야 도움을 제공할 수 있다. 동료, 상사, 친구 혹은 배우자가 일방적으로 조언이나 피드백을 주면 상대방이 거기 담긴 메시지를 오해할 확률이 높을 뿐만 아니라 기분이 상하거나 모욕감을 느낀다. 실적 평가 자리에서 상사가 "회의에서 더 강하게 주장할 필요가 있어요" 하고 말하는데 부하 직원은 도대체 그가 어떤 경우를 말하는지 짐작도 못하는 일이 많다. 바로 이 부분이 두 번째 원칙과 관련되어 있다. 피드백은 요청을 받아야 줄 수 있고 내용이 구체적이어야 한다.

대부분의 실적 평가 시스템은 창의성, 야망, 의사소통 기술, 사회성, 분석 능력 등의 추상적인 특징을 다룬다. 이런 것을 구체적인 행동의 예와 관련짓지 않으면 아무 의미가 없다. 능력이라는 개념을 정의하려는 작금의 노력 또한 너무 추상적이어서 별소용이 없는 느낌을 준다. 피드백이 도움이 되려면 특정 경험을 검토하는 맥락에서 이뤄져야 한다. 그룹이 함께한 경험에서 특정 행동을 예로 들어 분석하는 방식으로 말이다. 수술팀의 검토 단계에서 외과의사가 "간호사가 좀 더 자발적으로 일해줬으면 좋겠습니다"라고 말하면 간호사는 그게 무슨 뜻인지 이해하지 못할 수도 있다. "이런 일을 하느라 내가 곤란을 겪고 있었을 때 저런 도구를 내게 건네줬으면 도움이 됐을 거예요"라고 말하면 의미가 명백해진다. 간호사가 외과의사에게 "소통을 더 잘해줬으면 좋겠어요"라고 말하는 대신 "이런 상황에서 왜 내게 저런 일을 해달라고 말하지 않았어요?"라고 말하면 훨씬 도움이 된다. 양측이 모두 기억할 수 있는 특정 상황을 예로 들어 의미 있는 학습이 이뤄질 가능성이 생겼기 때문이다. 그러나 그런 말을 하는 것이 애초에 가능하고, 그 말이 불평이나 처벌이 아닌 건설적인 피드백으로 들리려면 존대와 처신에 대한 규범을 정의하는 게 얼마나 중요한지 주목해야 한다.

이 두 가지 점을 합쳐보자. 사후검토 자리에서 리더가 피드백을 끌어내기 위해 구성원 모두에게 자신의 임무 수행에 대해 먼저 의문을 제기해보라고 한다면 효과적인 피드백이 오갈 가능성은 더 높아진다. 간호사는 "제가 도구를 건네주는 방식이 마음에 드셨어요?" 혹은 "수술을 더 순조롭게 하는 데 제가 추가로 할 일은 없었나요?"라고 물을 수도 있다. 피드백을 원하는 쪽에 상황을 주도할 기회를 주면 주어지는 피드백에 더 귀 기울일 확률이 높아진다. 자신이 필요로 하는 도움과 연관된 피드백이라는 생각이 들기 때문이다. 그렇게 함으로써 팀의 공동 목표를 성취하기 위해 돕는 관계를 증진하는 분위기가 만들어진다.

외과의사와 간호사는 모두 수술을 성공적이고, 효율적이며, 제때제때 적절하게 대처하면서 안전하게 마치고자 하는 공동 목표를 가지고 있다. 모든 분석과 질문과 피드백은 그 공동 목표에 맞아야 한다. 예를 들어, 수술을 빨리 끝내는 게 목표의 일부가 아닌데 외과의사가 간호사에게 "그건 더 빨리 했어야 했어요"라고 말하는 것은 아무 의미가 없다.

마지막 네 번째는 피드백은 평가보다는 묘사일 때 더 효과적이라는 것이다. "그 회의에서 존이 도전했을 때 좀 더 공격적으로 나갔어야 해요"는 판단이 들어간 문장이다. "존이 회의에서 당신에게 도전했을 때 당신이 말이 없어지는 느낌이 들었어요"와 같은 묘사적 피드백이 도움이 될 확률이 높다. 그렇게 말하면 도움을 구한 사람에게 자신의 행동에 대해 설명하거나 말의 의미를 되새겨볼 기회를 주기 때문이다. 거기에 더해 이 문장은 피드백을 준 사람이 관찰한 내용에 초점이 맞춰져 있고, 그것이 다른 사람이 관찰한 내용과 같을 수도 있고 다를 수도 있다는 것을 염두에 둔 것이다. 무엇을 어떻게 해야 한다는 판단은 도움을 주는 사람이 전문가 혹은 의사 역할을 한다는 의미다. 관찰한 바를 묘사함으로써 도움을 주는 사람은 질문을 던지는 과정 컨설턴트 역할에서 벗어나지 않고 상대방에게 설명할 여지를 준다.

지금까지 한 이야기를 요약해보면, 팀 구성원들이 도움을 주는 사람이 되는 법을 배우려면 서로 터놓고 소통할 수 있도록 임시적으로 사회규범에서 자유로울 수 있는 상황을 만들어야 한다. 피드백은 일방적으로 주는 것보다 요청을 받았을 때 주는 것이 효과적이며 구체적인 내용을 담고, 평가보다는 묘사에 초점을 맞춰야 한다. 이런 종류의 의사소통을 하는 팀 구성원들은 서로 돕는 관계를 구축해서 임무를 수행해야 하는 압력이 느껴질 때도 순조롭게 기능할 수 있다.

여기서는 그룹이라는 맥락에서 피드백의 조건을 분석했지

만 친구, 배우자, 공식적인 관계 등에서 일대일로 도움을 주고받을 때도 같은 원칙을 적용할 수 있다. 도움을 주려고 대화를 하다가 잘못된 경우를 생각해보면 거의 언제나 상대방이 원치 않았거나, 너무 구체적이지 않거나, 내 판단을 곁들였거나, 상대방이 하려는 일보다는 내 목표와 관련된 말을 했을 때였다.

암병동에서의 다양한 도움 사례

아내의 화학요법치료를 위해 그녀와 함께 매주 가까운 병원의 종양클리닉에 다닐 때 그룹 환경에서 벌어지는 다양한 도움 형태를 관찰할 수 있었다. 아내가 치료를 받는 1시간 동안 옆에 앉아서 환자와 병원 직원들 사이에 오가는 효율적인 도움을 지켜보곤 했다. 클리닉의 팀원은 비서와 혈관 주사를 준비하는 암 전문 간호사 세 명, 그날 투여할 약을 준비하는 약사, 간호조무사 두 명, 휠체어를 사용해야 하는 환자들을 데리고 들어오는 등의 일을 하는 도우미로 이뤄져 있었다. 종양·혈액학 클리닉 소속 의사 세 명은 자기가 맡은 환자가 화학요법치료를 받는 동안 잠깐씩 방문했다. 우리가 갈 때마다 약 열두 명의 환자가 클리닉의 각각 다른 곳에 앉아서 치료를 받았다.

그보다 몇 년 전, 아내는 혈액 검사, CT스캔, 엑스레이 등을 포함한 건강검진 결과를 가지고 암 전문의를 만났다. 그 의사는 생활 습관, 여행 계획, 다양한 형태의 치료법에 대한 우리의 견해를 알고자 수많은 질문을 한 다음 특정 치료를 권했다. 그는 유방암은 확실히 치료를 받아야 하지만 다양한 치료법이 나와 있어서 아내의 선택 범위가 넓다고 했다. 그의 대화법은 두 사람의 상호관계에서 아내의 가치와 위상을 높여주는 효과를 냈고, 그녀의 자신감과 의사에 대한 신뢰를 강화했다.

환자에게 선택의 여지를 주는 것은 도움을 필요로 하는 상황에서 환자가 한 수 아래로 떨어지는 느낌을 개선하는 근본적인 방법이다. 나는 의사뿐만 아니라 모든 간호사와 의료기사들이 다양한 형태의 질문을 해서 필요한 정보를 얻고, 가능하면 환자에게 선택권을 주려고 노력한다는 것을 깨달았다. 피를 뽑는 의료기사마저 항상 "오늘은 어느 팔로 할까요?", "오늘 컨디션이 어떠세요?" 하고 물은 다음 피를 뽑았다.

치료를 받는 날은 혈액을 채취해서 병원의 임상병리실에 보내 분석했다. 수치가 정상 범위 내에 있어야 치료를 진행할 수 있기 때문이다. 담당 간호사는 아내와 지난 주에 받은 치료에 관해 이야기를 나눴다. 전반적인 컨디션이 어떤지, 어떤 부작용을 겪었고 그에 대한 대책은 무엇인지 등에 관한 대화였다. 간호사마다 이 대화를 다른 방식으로 진행했지만, 가장 도움이 되는 것은 개방형 질문이었다. "어떠세요?" 하고 묻고 환자의 대답에 귀를 기울이는 방법이었다. 부작용은 정확하게 설명하기 어려울 때가 많았기 때문에 간호사가 시간을 들여 이 문제를 탐색하지 않는 이상 정확한 정보를 끌어내기가 어려웠다. 간호사가 먼저 부작용에 대해 추측하거나 아직 일어나지도 않은 일에 조언하는 경우가 가장 도움이 되지 않았다. 예를 들어, 흔히 있는 부작용인 메스꺼운 증상을 아내는 한 번도 겪지 않았지만 간호사들은 항상 치료를 받은 직후 구토예방약을 복용하라고 길게 설명하곤 했다.

우리는 기다리는 동안 직원들이 다양한 분야에서 협응과 협조하는 것을 볼 수 있었다. 환자의 스케줄에 관해 비서와 상의하고, 어느 간호사가 어느 환자를 돌볼지 협의하고, 자주 컴퓨터 화면을 보며 다양한 정보를 확인하고, 치료에 필요한 약을 실수 없이 준비하기 위해 약사에게 처방전을 전달하고, 환자에게 컨디션이 어떤지 묻고, 환자들이 던지는 "얼마나 오래 기다려야 하나요?" 등의 질문에 답하는 등등 실로 다양한 협응과 협조가 이뤄지고 있었다. 치료가 점심시간까지 계속되면 직원들은 병원 식단을 보여주면서 식사를 주문하는 방법을 가르쳐줬고, 그 과정에서 환자들에게 또 다른 선택지를 제시했다.

내게 깊은 인상을 남겼던 것은 클리닉 전체를 감싸는 상호 존중과 협응 정신, 그리고 배려하고 존중하겠다는 결의가 느껴지는 분위기였다. 현실적으로는 환자가 의사, 간호사 등에게 완전히 의존해야 하지만, 환자에게 선택권과 주도권을 행사할 수 있는 기회를 주기 위해 갖은 노력을 기울이는 모습이 역력했다. 그 결과 환자들은 자신의 가치가 높아지는 느낌을 받았다. 심지어 꽤 다양한 병원 식사 메뉴에서 나와 아내가 서로 다른 음식을 선택할 수 있다는 점까지도 도움이 됐다. 클리닉에는 분명한 위계가 존재해 의사, 간호사, 의료기사, 조무사 사이의 위상과 권위의 차이가 있었지만 의사소통 스타일과 모든 직원의 처신에서 서로에 대한 상호존중이 명확히 느껴졌다. 명령조는 거의 듣지 못했다. 대신 편안하게 도움을 주고받고, 질문을 많이 한 다음 귀 기울여 듣고, 가벼운 농담으로 기분을 밝게 해서 친밀한 분위기가 조성됐다. 서로를 신뢰하고 돕는 것이 당연히 일상적인 루틴의 일부로 받아들여지는 듯했다. 모두를 하나로 묶는 것은 화학요법치료를 가능한 한 안전하고 기분 좋게 진행한다는 공동의 목표였다.

비대면 도움으로
만드는 팀워크

직접 대면하지 않고 의사소통할 때도 신뢰를 쌓는 것이 가능할까? 인터넷을 통해 모르는 사람에게 도움을 주는 것은? 우리는 각종 전화 상담 서비스를 이용한 경험을 통해 전혀 모르는 사람이 주는 도움을 받을 수 있다는 것을 알고 있다. 또 그런 노력이 실패하는 경우가 많다는 것도 알고 있다. 이 분석에서 사용된 접근법으로 두 가지 가정이 가능하다.

첫째, 팀이 과거에 역할 관계와 상대적 위상 문제를 이미 해결한 상태라면 원거리에서도 충분히 도움을 주고받을 수 있다. 앞에서 묘사한 팀워크 구축 과정을 통해 신뢰 관계가 형성되어 있다면 구성원들은 인터넷으로 전해지는 메시지가 어떤 의미인지 이해할 수 있거나 그것이 무슨 의미인지 물을 방법을 이미 알고 있을 것이다. 돕고자 하는 의도는 질문하고 대답하는 태도를 통해 상대방에게 전달된다. 전화나 메신저 등을 통하더라도 질문의 종류와 그 질문이 갖는 잠재적 영향력은 결코 대면 만남에 뒤지지 않는다. 너무 이르게 전문가나 의사 역할을 수행하려는 것은 대면 만남에서만큼 혹은 그 이상으로 파괴적이다. 방금 한 말이 도움이 되지 않는다는 피드백을 즉시 줄 방법이 없기 때문이다. 미리 관계 정립을 한 상태라면 도움을 주고받을 수 있는 가능성은 명백히 존재한다.

한 번도 만난 적 없는 그룹이라면 두 번째 원칙을 적용해야 하며, 주고받는 말만으로 서로를 인정하는 관계를 형성해야 한다. 전화 통화를 하는 관계라면 어투, 타이밍, 말의 높낮이로 전달되는 감정적 요소 등을 고려할 수 있다. 인터넷 메신저로 소통한다면 오가는 글을 바탕으로 관계를 정립하는 수밖에 없다. 내 경험상 이런 경우 가장 중요한 것은 돕고자 하는 마음이다. 나는 글의 길이와 어투에 그 마음이 전달된다고 생각한다. 예를 들어, 나는 개인적으로 알지 못하는 수많은 학생과 동료에게서 도움을 요청하는 이메일을 받는다. 어떨 때는 요청 내용이 너무 일반적이고 수동적이다. "조직문화에 대한 교수님의 책을 읽었습니다. 제가 속한 조직의 문화를 어떻게 연구할 수 있을까요?" 혹은 "저는 문화를 연구하고 싶은 학부생입니다. 도와주세요." 서면 요청에도 대면 만남에서 맞닥뜨리게 되는 의존성의 문제가 존재하기 때문에 굳이 돕고 싶은 마음이 나지 않는다. 이런 경우에는 짧은 답과 함께 책을 추천해준다.

반면 도움을 구하는 사람이 구체적인 요청을 하면서 주도적인 자세를 보일 때도 있다. "저는 학부생입니다. 4학년 프로젝트의 일환으로 교수님의 책을 읽고 있는데, 거기 나오는 10단계 방법을 제가 속한 남학생 사교 클럽에 적용하고 싶습니다. 조언해주실 부분이 있을까요?" 이런 내용의 이메일을 받으면 나는 질문 모드로 답장을 한다. "진행하는 프로젝트의 목적이 무엇인지, 학생이 왜 문화를 공부하고 있는지 조금 더 자세히 이야기해주세요." 결국 이메일을 여러 번 주고받으면서 나는 이 학생을 도울 수 있었다. 추가 질문을 하지 않고 처음 받은 질문에만 답하면 보통 도움이 되지 않는다. 뒤를 이어 날아드는 질문들을 보면 대부분 내가 한 대답을 이해하지 못한 것이 분명하기 때문이다.

심각한 시간적 제약이 있지 않은 한 서로 모르는 사람들도 적절한 질문을 주고받는 과정을 거쳐 도움 관계를 충분히 형성할 수 있다. 이런 네트워킹의 가장 극적인 예는 1960년대에 디지털이큅먼트코퍼레이션^{Digital Equipment Corporation} 이 만들어낸 엔지니어링넷^{Engineering Net} 이다. 여기에 참여한 엔지니어들은 전 세계에 흩어져 있었고 서로 모르는 사이였다. 그럼에도 불구하고 네트워크에 들어가 "이러이러한 문제를 경험한 분 계십니까?" 등의 일반적인 질문을 할 수 있는 규범을 구축했다. 질문에 대한 답변은 세계 어디에 살든 상관없이 관련된 경험을 하거나 의견을 가진 엔지니어라면 누구나 할 수 있었다. 전 세계의 수백 명의 엔지니어가 속해 있고, 서로 아는 사람은 거의 없다는 점은 도움을 주고받는 데 아무런 장애가 되지 않았다.

효과적인 팀워크, 협응, 협조는 결국 서로 돕는 관계가 지속적이고 효율적으로 유지되는 상태에서 가능하다. 이런 관계를 도움 과정에 대입해보면 이 상태에 도달하는 데 무엇이 필요한지 명확히 알 수 있다. 초기에 비공식적인 활동을 통해 질문을 주고받으면서 서로를 알아가는 시간을 가지면 저마다 필요로 하는 것과 기여 가능한 부분을 이해할 수 있을 뿐만 아니라, 그룹 내 정체성을 확립하고 역할 협상과 상대적 위상을 정립하는 일도 순조롭게 진행된다. 임무 수행 후에도 정기적으로 검토할 시간을 내서 피드백을 통해 배우고 새로운 역할 협상을 할 기회를 가져야 한다. 이 학습 과정에서 구성원들은 그룹 업무의 본질, 상호의존성의 정도와 성질, 공유하는 목표를 가늠할 수 있다. 목표를 향한 진행 상황을 평가하려면 대면성 상호관계의 규범을 변화시켜 위상과 직급을 뛰어넘는 피드백을 주고받아도 관계에 손상을 주지 않는 환경을 마련해야 한다. 피드백은 요청받았을 때만 줘야 하고, 구체적이고 묘사적이며 목표와 관계가 있어야 한다.

이 모든 것이 가능하고, 피드백이 자유로이 오가서 구성원이 학습할 수 있는 환경을 마련하려면 겸손한 리더십이 필요하다. 도움을 주는 사람도 상대방에게서 도움을 받아들일 수 있어야 위상의 균형이 회복되듯이, 그룹의 리더도 구성원들로부터 도움을 받아들여야만 위상과 역할의 문제가 해결된다. 이런 과정이 지속적으로 작동하려면 리더와 그룹의 모든 구성원이 상호체면유지의 규범을 준수해야 한다. 각 구성원의 주장에 서로 귀를 기울여야 하고 그렇지 않으면 사회적 긴장감이 조성되어 업무 수행에 지장을 준다. 존중과 신뢰 관계가 형성되면 기본적으로 자신의 행동이 규범에서 벗어나고 도움이 되지 않는다고 하더라도 모욕을 당하거나 수치심을 느끼지 않으리라는 믿음을 모두가 가질 수 있다. 그런 행동은 목표를 이루고자 하는 그룹의 노력에 어떻게 하면 더 도움이 될 수 있을지 스스로 생각해보도록 피드백을 받는 계기가 된다. 이러한 학습 과정을 가능케 하는 것이 리더의 역할이다. 이 부분은 다음 장에서 살펴보자.

8

리더의
돕는 법

도움의
리더십

리더십과 관련된 도움은 세 가지 측면에서 살펴볼 수 있다. 앞 장에서 지적한 대로 리더의 주요 역할 중 첫 번째는 한 그룹 혹은 여러 그룹의 구성원들이 조직의 임무를 위해 서로 의존해야할 때 팀워크가 생길 수 있는 조건을 만드는 일이다. 리더는 어떻게 그런 조건을 만들어내고, 어떻게 도움이 오가도록 할 수 있을까? 두 번째, 리더가 존재한다는 것은 부하 직원 혹은 위상이 더낮은 구성원들이 그들의 임무를 수행하는 데 리더의 도움이 필요하다는 의미일까? 리더는 도움을 줄 수 있고, 줘야 할까? 세 번째, 구성원은 어떻게 리더를 도울 수 있을까?

이 모든 질문을 복잡하게 만드는 것은 보통 관련된 모든 사람이 한 방에 모여 있지 않거나 의사소통을 하고 있지 않을 때다. 이런 상황은 누가 진짜 도움을 받는 사람인지 질문하게 만든다.

진짜 도움을 받는 사람들

컨설턴트의 입장에서 볼 때 조직의 개발 과정을 돕는 일과 리더가 더 효율적으로 조직을 이끌도록 돕는 일이 가장 복잡한 도움 상황이라고 할 수 있다. 고정된 위상과 역할을 가진 복수의 의뢰인을 상대해야 하기 때문이다. 여기서 의뢰인은 도움을 요청한 당사자를 말한다. 실제 도움의 대부분은 개인 간 혹은 작은 그룹을 상대로 이뤄지지만, 이 경우 도움을 요청한 의뢰인은 다른 그룹 혹은 조직 전체에 영향력을 행사하고 싶어 할 때가 많다. 의뢰인 혹은 리더는 컨설턴트의 진단과 처방을 원하고, 간혹 도움 과정에 참여하지 않았던 조직의 다른 구성원들에게까지 영향을 미치는 프로그램을 실행할 수 있도록 도와주길 바라기도 한다.

컨설턴트는 처음부터 도움을 요청한 사람이 꾀하는 변화의 목표가 무엇인지 알고 있을 수도 있지만, 이 변화가 조직의 다른 부분에 잠재적으로 어떤 영향을 끼칠지 모른다는 딜레마에 처한다. 컨설턴트는 직접 도움을 요청한 의뢰인과는 접촉하고 있지만, 그가 꾀하는 변화에 영향받을 사람들에 대해서는 알지 못하는 상태로 일해야 한다. 사실 그 변화로 인해 도움받을 미지의 사람들을 궁극적 의뢰인으로 간주할 수 있다. 따라서 도움을 주는 사람은 직접 대면하는 의뢰인에게 주는 즉각적 도움이 궁극적 의뢰인에게 해가 될 가능성도 고려해야 한다. 예를 들어, 의뢰인이 원한다고 해서 리더가 부하 직원들을 더 착취할 수 있도록 도와야 하는가? 앞으로 살펴보겠지만, 조직 컨설팅이 복잡한 핵심적인 이유는 구성원들을 착취하지 않고 진정한 도움을 주는 리더가 되는 방법을 찾아줘야 하기 때문이다.

리더들이 컨설턴트를 찾는 가장 보편적인 이유는 목표를 이루는 데 필요한 변화 과정을 만들어내고 싶어서다. 여기 깃든 큰 역설은 다른 구성원들이 변화 과정을 효율적으로 거치게 하려면 리더가 먼저 도움을 받아들이는 방법을 배워야 한다는 사실이다. 리더는 이 책에서 설명한 도움 과정을 개념화하는 법을 배우고, 자신이 영향을 끼치고자 하는 조직을 돕는 사람이 돼야 한다. 계획된 변화를 꾀할 때 가장 반직관적인 원칙은 상대를 내게 도움을 구하는 사람으로 만들지 못하면 절대 그 사람을 변화시킬 수 없다는 점이다. 다시 말해, 변화나 영향력이 진정으로 효과를 발휘하려면 리더는 변화시켜야 할 사람들을 리더에게 도움을 구하는 사람들로 만들어야 한다는 뜻이다. 도움을 주고받는 것이 효율적인 팀워크의 핵심인 것과 마찬가지로, 도움은 변화를 꾀하는 핵심적인 과정이다. 바로 이런 의미에서 이 장의 첫 부분에서 살펴본 도움과 리더십의 세 가지 유사점은 매우 밀접한 상관관계가 있다.

이 부분을 더 구체적으로 살펴보자. 이상적인 상사는 부하 직원들이 달성해야 하는 목표를 매우 명확히 밝히는 동시에 그들이 목표를 이루게끔 도울 준비가 되어 있는 사람이다. 상사는 필요한 자원과 안내, 피드백, 조언뿐만 아니라 부하 직원들이 요청하는 다른 형태의 도움도 제공해야 한다. 물론 부하 직원이 "좀 도와주실 수 있을까요?"라고 했을 때 상사가 빠질 수 있는 함정은 일반적인 도움 과정에서 발생하는 함정과 동일하다. 그 순간 상사는 전문가나 의사 역할이 아니라 겸손한 질문을 던지는 과정 컨설턴트 역할을 해야 한다. 이 모든 일이 더 어려워지는 원인은 도움을 주고받는 과정이 조직이라는 맥락 안에서 일어나기 때문이다. 조직 내에서는 공평성과 체면 유지에 관해 일반 사회에 적용되는 문화규범을 넘어서는 규범이 존재하기 때문이다. 부하 직원이 도움을 요청하고 리더가 도움을 제공하는 방법은 일반 사회의 문화규범뿐만 아니라 그 조직을 돌아가게 하는 특정한 존중과 처신규범까지 따라야 한다.

상사라는 틀을 깨야
좋은 리더가 된다

리더는 이미 오랜 시간에 걸쳐 고유한 문화를 형성해온 조직을 이끄는 경우가 많다. 업무를 아무리 정확하게 명시한다 해도 우리는 일에 자신의 개성을 반영하고, 상호작용을 통해 업무를 진행하면서 그 그룹과 업무 특성에 맞는 규범과 전통을 발전시킨다. 어떤 때는 주어진 상황에서 가장 효율적으로 일하는 방식을 찾다 보면 그에 따른 기준과 업무 진행 방식이 생겨나서 원래의 원칙에서 벗어나버리는 경우도 있다.

'실용적 변형practical drift'이라고 부르는(Snook, 2000) 이 현상을 살펴보면 일부 재난이 어떻게 해서 벌어지는지 이해할 수 있다. 예를 들어, 1994년 이라크 비행 금지 구역에서 UN 헬리콥터 두 대가 격추된 사건이 있었다. 그 지역에서 정찰 비행을 하는 전투기들은 수년에 걸쳐 필요에 의해 임의로 약간 다른 무선 주파수를 사용했다. 그래서 헬리콥터에서는 폭격기에서 사용하는 주파수로 보낸 무선 메시지에 응답할 수 없었다. 동시에 그 지역을 감시하는 공중 조기 경계 관제팀에서도 헬리콥터에 별 주의를 기울이지 않았다. 보통 헬리콥터들은 계곡의 절벽 사이로 들어가기 때문에 어차피 찾기가 힘들어서였다. 게다가 전투기들이 문제의 헬리콥터 옆을 지나가면서 보니 여분의 연료 탱크를 부착하고 있어서 적의 헬리콥터와 더 비슷해 보였다. 결국·헬리콥터는 격추됐고, 26명이 목숨을 잃었다.

요점은 새로 부임한 리더는 자기가 맡은 그룹이나 부서에 이미 존재하는 규범, 전통, 실용적 변형 등을 이해하기 전에는 어떤 변화도 시작할 수가 없다는 것이다. 실제 상황을 파악하기 위해 리더는 질문자가 되어 고용인들과 도움 관계를 형성하고 신뢰를 구축해야 한다. 새로 부임한 리더에게 실제 관행을 감추는 것은 거의 모든 그룹이 매우 능란하게 해내는 악명 높은 관례다. 따라서 진정으로 변화를 꾀하는 리더는 그룹의 문화에 동화돼 진짜 상황이 어떤지 들을 수 있을 정도의 신뢰를 얻은 다음 서로 돕는 관계를 맺어야 한다. 이런 과정의 본질은 구성원들이 자신이 제어할 수 있는 임무는 혼자 처리하는 한편, 상호작용이 필요한 임무도 잘 처리하도록 팀 내 관계를 구축하는 것이다. 외과의사와 마취과의사는 자신의 전문 분야에서 더 좋은 테크닉을 발휘할 수 있도록 기술을 연마하는 동시에 수술 도중 순간순간 소통이 잘 되도록 노력해야 한다. 영업 부서 관리자가 담당 구역에서 새로운 가능성을 타진하는 데 주력하는 동안 각 판매원은 개인적인 판매 가능성을 높이는 데 집중한다. 그룹 전체는 계획 단계에서 모두 협력하고 소통하면서 새로운 가능성을 개척하고 합리적인 매출 목표를 세운다.

리더 역할이 어려운 이유는 그룹의 문화를 제대로 이해하려는 노력을 통해 도움을 받아들이는 방법을 배우는 동시에, 향상시켜야 할 부분을 식별하면서 그룹 전체와 구성원 개개인에게 도움을 줄 수 있는 방법을 찾아내야 하기 때문이다. 도움이 되는 리더가 되려면 위상의 균형, 역할 협상과 관련된 제반 문제를 고려할 줄 알아야 한다. 상사의 틀을 내려놓지 못하고 시작부터 전문가 역할을 자처하면 좋은 리더가 될 수 없다.

리더가 향상 해야 하는 두 가지 역할

대부분의 고위 경영자는 도움을 주는 방법을 배워서 효율적인 변화를 이끌어내는 관리자가 될 힘과 잠재력을 가지고 있다. 하지만 공식적인 지위와 주어진 힘에 기대 너무 조급하게 상황을 개선하려고 나서는 경우가 많다. 효율적인 변화를 주도하는 관리자는 과정 컨설턴트 역할을 해내야 하는데도 고위, 특히 최고 경영자는 전문가와 의사 역할에 끌리곤 한다. 조직 컨설턴트가 맞닥뜨리는 딜레마는 도움을 요청한 고객에게 과정 컨설턴트가 되는 법과 효율적인 리더로서 적절하고 필요한 역할을 받아들이는 법을 이해시키는 일이다.

전형적인 경영 컨설팅의 사례

전형적인 경영 컨설팅의 사례를 하나만 살펴봐도 이 과정의 복잡성을 짐작할 수 있다. 보통 특정 부서가 기대치와 필요에 미치는 성과를 내지 못할 때 고위 경영자(많은 경우 CEO)가 경영 컨설턴트의 도움을 구한다. CEO는 문제 부서에 대해 설명하고 컨설턴트에게 면담 혹은 조사해서 그 부서의 상황을 파악해 문제를 시정할 수 있는 제안을 해달라고 요청한다. CEO는 또 부서장에게 면담할 시설과 면담 대상 리스트를 비롯해 컨설턴트가 필요로 하는 것을 제공하라고 지시한다. 의뢰를 받은 컨설턴트는 부서장을 만나 면담할 부서원들의 명단을 받는다.

면담은 몇 주 혹은 몇 달에 걸쳐 이뤄진다. 많은 정보가 나오지만 면담에서 자주 언급되는 사실 하나가 정말 골치 아픈 문제로 부상한다. 면담에 응한 경영진과 일반 직원들은 자기 부서에서 일어나는 다양한 일을 이야기했지만, 그중 상당수가 가장 큰 문제는 컨설턴트를 고용한 CEO와 부서장 사이의 갈등이라고 말했다. CEO가 자기 회사를 잘 관리하지 못할 뿐만 아니라 기업 전체에도 좋지 않은 일을 한다고 느끼는 사람들이 많았다. 이것이 왜 문제일까? CEO가 기업을 운영하는 데 있어 자기를 개인적으로 도와달라는 요청을 하지 않았으므로 컨설턴트는 그에 대한 피드백을 줄 입장이 아니었다. 갑자기 컨설턴트는 자신의 도움을 진정으로 필요로 하는 사람이 누구인지, 그리고 그때까지 얻은 많은 정보로 무엇을 해야 할지 명백하지 않다는 사실을 깨닫는다.

CEO에 관한 부정적인 인식까지 포함해 면담과 조사로 얻은 결론을 그대로 전달하면 되지 않을까? 하지만 그렇게 하면 도움이 될 확률은 매우 낮다. 자신을 도움이 필요한 사람이라 여기지 않는 사람에게 요청하지도 않은 피드백을 주는 것이기 때문이다. CEO는 자신의 경영 방식에 관한 피드백을 원한 것이 아니라 자기가 문제라 생각했던 부서를 시정하기 위해 컨설턴트를 고용했다. 아마도 CEO는 예의 바르게 컨설턴트의 말을 다 들은 후 그를 돌려보내고 보고서를 휴지통에 처박은 다음 다른 컨설턴트를 찾을 것이다. CEO는 아무 교훈도 얻지 못하고 뜻하지 않게 자신에게 요구되는 매우 중요한 자격 요건을 지키지 않는 우를 범하고 만다. 바로 자신의 행동을 돌아보고, 도움을 구하고, 주어지는 도움을 받아들이는 자세 말이다.

지금까지 설명한 도움 과정을 제대로 이해한 컨설턴트라면 처음에 받은 요청을 일방적으로 받아들이는 대신 CEO와 도움 관계를 정립하고자 질문하는 과정부터 시작했을 것이다. 컨설턴트는 CEO를 괴롭히는 진짜 문제가 무엇인지, 왜 그 부서가 문제가 있다는 결론을 내렸는지, 왜 CEO가 직접 문제를 해결할 수 없는지 등을 물어봐야 한다. 어쩌면 가장 중요한 질문은 그 문제를 만드는 데 CEO도 한몫했는지일 수도 있다. 컨설턴트는 전문가·의사 역할에 들어가는 것을 미루고 과정 컨설턴트가 되어 실제로 무슨 일이 벌어지고 있으며, 진정으로 도움을 받아야 할 당사자가 누구인지 이해할 수 있는 정보가 나오도록 유도해야 한다.

질문 과정은 15분 만에 끝날 수도 있고 몇 시간이 걸릴 수도 있다. 중요한 것은 CEO와의 관계가 확립되기 전에는 서둘러 전문가적 진단의 잣대를 꺼내들지 말아야 한다는 사실이다. 이런 태도가 중요한 이유는 컨설턴트가 어떤 조직의 구성원을 면담하고 관찰하는 것 자체가 이미 엄청난 개입인데다가 그 영향과 결과를 예측할 수 없다는 점을 컨설턴트는 잘 알기 때문이다. 컨설턴트 고용 같은 이런 개입을 시작하자는 제안을 하는 CEO는 자신과 그 부서에 끼칠 영향과 결과를 이해하고 있을 게 분명하다. 컨설턴트는 CEO가 문제의 근원이었다는 증거가 나올 가능성도 있다는 사실을 명확히 해야 한다. 거기에 더해 직원들이 컨설턴트와 면담하고 그 자리에서 공개한 사실에 관해 CEO가 모종의 조치를 취하리라는 기대를 할 것이라는 사실도 명심해야 한다. 직원들 사이에 대화가 오갈 것이고, 그에 따라 그들의 의견과 시각이 어떤 식으로 변화할지는 알 수 없다. 그리고 자기가 밝힌 정보에 고위 경영진이 어떻게 반응할지 지켜보고 판단할 것이다.

CEO가 이 모든 것을 이해하도록 돕는 일 역시 컨설턴트, 즉 도움을 주는 사람이 전문가 역할을 맡아야 한다는 의미이긴 하지만, 이는 CEO를 괴롭히는 실제 문제에 관해서가 아니라 조직의 역동성과 변화 과정에 관한 전문 지식을 동원하는 일에 불과하다. 이런 종류의 과정 컨설팅 전문 지식을 제공하는 것은 회의 시간이 늘 부족해서 쩔쩔매던 그룹에게 내가 중요한 전략 문제를 토론할 때는 회사 밖에서 별도로 회의하면 어떻겠냐는 제안을 했던 것과 같은 맥락이다. 그룹과 조직의 역동성에 대한 그런 통찰은 도움을 주는 사람이 주저하지 않고 제공해도 되는 정보다. 하지만 과정에 관한 전문 지식을 갖추지 못했다는 자각을 한 도움을 구하는 사람의 위상이 한 수 더 아래로 떨어지지 않는 방식으로 전달돼야 할 것이다.

내 경험상 기업이나 조직의 컨설턴트로 일할 때 가장 어려운 부분은 과정에 관한 전문 지식에 바탕을 둔 조언을 하는 동시에 겸손한 질문자의 역할을 유지하는 일이다. 구체적으로 말하면 도움을 주는 사람이 대화가 진행되는 도중에 전문가 역할과 과정 컨설턴트 역할을 자주 오가야 한다는 의미다. 컨설턴트가 어떤 시도를 하기 전에 CEO가 모든 영향과 결과를 인지하고 받아들일 준비를 마치게 하는 것이 중요하다. 다음 단계로 들어가기 전에 컨설턴트와 CEO는 이 모든 것에 관해 대화와 토론을 하고 함께 결정을 내릴 수 있어야 한다. 그리고 그것을 가능케 하는 관계를 정립하는 것은 책임감 있는 조력자로서 컨설턴트가 해야 할 일이다. 이 과정이 잘 작동하면 CEO는 해결해야 할 문제가 있는 특정 부서가 있다는 인식을 버리고 그 부서가 더 효율적으로 돌아가려면 어떤 개입이 필요할지 고민하게 된다. 이런 사실을 인정하는 CEO는 리더로서의 책임을 받아들일 수 있다. 문제가 무엇인지 식별하기 위해 컨설턴트에게서 도움을 받는 방법을 배우고, 그 부서를 돕는 역할을 직접 맡게 될 것이다. 그런 후에야 CEO와 컨설턴트는 부서 직원들과 면담을 진행하는 것이 좋은 생각인지 함께 검토하고 결정할 수 있다. 면담이 단순히 데이터를 모으는 데 그치지 않고 그 부서 내에서 중대한 변화를 촉발할 것이라는 사실을 CEO도 깨달았기 때문이다.

면담을 진행하는 쪽으로 합의를 봤다면 다음 단계는 새 프로젝트를 어떤 방식으로 구성원들에게 설명할 것인지, 부서장에게 컨설턴트를 어떻게 소개할 것인지, 부서장은 이 프로젝트에 얼마나 영향을 줄 수 있는지 혹은 그에게 프로젝트를 수용하거나 거부할 권한을 줄 것인지 결정할 질문을 던지면 된다. 이 시점에 컨설턴트는 부서장 또한 도움을 받는 사람으로 만들어서, 면담을 통해 드러난 모든 정보가 부서에 도움이 되리라는 인식을 갖게 해야 한다. 그렇지 않으면 부서장은 부서 직원들에게 조심해서 말하라는 신호를 보낼 수 있고 그렇게 되면 컨설턴트는 솔직한 소통을 못 하게 된다.

컨설턴트가 부서 직원들과 하는 면담 내용은 앞에서 들었던 예와 완전히 동일할 수도 있다. 그러나 처음부터 CEO를 더 깊이 개입시키면 컨설턴트를 그룹에 어떻게 소개할 것인지, 얻은 정보로 컨설턴트가 무엇을 할 것인지에 관한 규칙과 기준 등을 함께 계획할 수 있다. 이 과정에서 빠지면 안 될 단계는 부서장과의 만남이다. 부서장이 도움을 받는 역할과 도움을 주는 역할을 둘 다 받아들이도록 해야 한다. 이 자리에서는 부서장의 관리 방식(부정적인 정보도 많을 가능성이 크다)에 관한 정보를 어떻게 처리할지도 이야기해야 한다.

전반적인 효율성 향상을 위해 부서 구성원들 사이에 상호조력 관계를 형성하는 것이 목표라면, 면담 시작 전에 고려할 사항이 또 있다. 정보를 어떻게 수집하고, 어떻게 실천 가능한 방식으로 피드백을 줄 수 있을지다. 모든 정보를 취합하고 요약해서 부서장과 CEO에게 보고서를 보내는 것은 문제를 개선하는 효과적인 방법이 아니다. 그런 방법은 부서장과 CEO에게 해결사 역할을 부여하는 것인데, 사실 드러난 문제들 중 많은 부분은 그룹 내 직원들이 해결하는 쪽이 더 나을 확률이 높다. 자기가 속한 직장 문화 안에서 무엇이 성공하고 무엇이 실패할지 가장 잘 아는 사람들은 바로 직원들이기 때문이다.

컨설턴트는 보고서를 제출하는 대신 업무가 어떤 식으로 조직되어 있는지에 따라 각 팀에 그들의 면담 결과를 보내서 거기 담긴 정보를 확인하고 그 정보를 (1) 그룹 내에서 시정할 수 있는 항목, (2) 더 많은 자원과 힘을 가진 상부로 보내 해결해야 하는 항목으로 분류하자는 제안을 할 수 있다. 예를 들어, 수술팀을 이루는 외과의사, 마취과의사, 간호사들 사이의 상호작용 문제는 그룹 내에서 해결할 수 있다. 그러나 장비가 열악하거나 수술실의 조명이 어둡거나, 보수가 공평하지 않은 문제 등은 상부에 보고해야 한다.

이 말은 CEO는 면담을 통해 밝혀진 모든 정보가 담긴 보고서를 받지도, 부서 사람들보다 먼저 정보를 접하지도 않을 것이라는 뜻이다. 해당 부서의 모든 사람들은 먼저 자기 팀에 관한 정보를 받아보고 이를 소화한 다음 필요한 항목만 부서장에게 보내고, 부서장은 같은 절차를 거쳐 자기 수준에서 해결할 수 있는 항목과 CEO에게 올려보내야 할 항목이 무엇인지 결정한다. 따라서 CEO는 컨설턴트가 얻은 정보와 결론을 몇 주 혹은 몇 날 동안 듣지 못할 수도 있다. 하지만 그사이 문제 해결을 위한 조치가 이미 내려지기 시작했을 것이고, 이에 따라 실적도 향상될 것이다. CEO는 실적이 저조한 부서가 스스로 개선할 수 있는 과정을 촉발했을 뿐만 아니라, 자기가 보고서를 먼저 본 다음 "이것이 당신들의 문제요"라고 하달해서 직원들의 위상이 한 수 아래로 떨어지는 불편한 상황을 피한 것이다.

이렇게 도움 과정이 진행되는 동안 부서장과 일부 직원들 사이의 관계가 진화해서 CEO가 그 그룹에 더 가까이 접근할 기회가 생길 수도 있다. 이는 CEO가 직원들을 관찰하고 그들과 소통할 수 있을 뿐만 아니라 직원들이 더 쉽게 접근할 수 있는 '조금 덜 어려운' 대상이 된다는 의미다. 이를 통해 CEO는 받아들일 수 없는 업무 관행이나 '실용적 변형'을 발견할 수도 있고, 그런 문제를 시정하기에 더 유리한 위치를 점하게 된다. 핵심은 조직 전체의 효율과 효과를 개선하고자 서로 돕는 분위기를 만들어내는 것이다.

안타깝게도 다른 사람을 고치는 것이 돕는 것이라고 생각하고 나를 만나는 CEO들이 매우 많다. 그들은 정보를 먼저 받아보고, 스스로 진단한 다음(혹은 컨설턴트의 진단을 받아들인 다음), 자신의 권위와 힘을 사용해서 문제를 해결하려 한다. 정보를 얻기 위해 컨설턴트를 고용하는데, 정보를 수집하는 작업 자체가 시스템에 엄청 깊게 개입하는 일이라는 사실을 고려하지 않는 것이다. 그들은 대부분의 조직이 상호의존도가 높고, 서로 돕는 관계를 만들지 않고는 조직의 업무 성과를 높일 수 없다는 사실을 이해하지 못했다.

요약하자면 문제 해결을 원하는 리더들은 돕는 역할을 맡아야 하고, 동시에 도움받을 준비가 되어 있어야 한다. 일단 신뢰의 분위기를 조성한 다음 무슨 일이 어떻게 벌어지고 있는지, 조직 내 고유한 문화적 규칙과 규범이 무엇인지 중요한 정보들을 얻으려는 노력을 기울여야 한다. 그런 다음 필요한 변화를 가져오는 전문가나 의사 역할을 수행해야 한다. 이 과정에서 바람직한 변화 과정을 촉발하기 위해 직원들에게도 권한을 주는 도움의 역할을 다시 한번 고려해볼 수도 있을 것이다.

언제든 도울 준비가 되어 있는 사람

조직의 변화는 도움의 역할을 연구하는 관점에서 볼 때 특히 흥미롭다. 조직 내 프로젝트의 대부분은 일대일, 팀 단위, 조직 전체 등 다양한 레벨에서 벌어지는 모든 형태의 도움을 포함하기 때문이다. 또 그런 프로젝트는 대부분 도움을 받는 사람이 각종 형태를 망라하고 있기도 하다. 날마다 접촉하며 업무를 함께 보는 일선 의뢰인$^{contact\ client}$, 궁극적으로 그 프로젝트의 책임을 지고 컨설팅 비용을 지불하는 주 의뢰인$^{primary\ client}$, 그리고 변화에 가장 큰 영향을 받게 되는 최종 의뢰인$^{ultimate\ client}$ 이 바로 그들이다. 이런 종류의 프로젝트는 외부의 기술·정치·경제적 조건 때문에 목표에 대한 협상이 불가능할 때 어떻게 변화를 가져오는지 볼 수 있는 좋은 사례다. 리더와 컨설턴트는 변화의 매개체가 되어 프로젝트의 목표, 다시 말해 변화 대상의 행동과 태도를 어떻게 바꿀지 파악해야 한다. 사람들은 변화를 싫어하는 것이 아니라 다른 사람이 자기를 변화시키려고 하는 것을 싫어한다는 옛말이 있다. 바로 거기에 해결책이 있다. 변화 과정을 도움 과정으로 재구성해 변화시키고자 하는 대상들을 도움을 구하는 의뢰인으로 만드는 것이다.

이 장의 앞부분에서 조직 내 변화를 꾀하는 CEO들에게 어떻게 이 과정을 성공적으로 적용할 수 있을지 설명했다. CEO가 외부 요인이나 경제적 필요에 의해 협상이 불가능한 목표를 설정하고 일을 시작한다면 이 과정을 조직 전체에 어떻게 적용할 수 있을지 살펴보자.

콘 에디슨$^{Con\ Eddison}$＋에게 더 환경 친화적으로 기업 운영을 하라는 법원 명령이 떨어지자 직원들은 환경에 해가 되는 원유 유출과 기타 독극물 유출을 찾아내서 보고하고 청소하는 일을 해야만 했다. 이 새로운 규칙을 실행에 옮기기 위해 콘 에디슨은 제일 먼저 직원들에게 환경 오염물을 식별하고, 보고하고, 청소하는 방법을 교육하는 계획을 세웠다. 이런 지식이나 기술을 배우지 않으면 직원들은 새로운 규칙을 따를 수가 없었다. 처음에는 규칙을 따르고자 하는 동기가 완전히 외부에 있었다. 제대로 하지 않으면 처벌을 받았기 때문이다. 그러나 더 많은 도움으로 능력을 갖추게 되면서 직원들은 서서히 해야 할 일들을 소화해서 자기 것으로 만들었고, 이와 관련된 도움을 점점 더 많이 구하기 시작했다. 유능한 상사들은 직원들이 규칙을 준수하도록 만드는 가장 좋은 방법이 바로 "유출을 식별하고 보고하는 데 어떤 도움이 필요하십니까?" 하고 묻는 것이라는 사실을 깨달았다. 이 과정을 성공적으로 진행하려면 변화를 추진하는 사람은 목표가 협상 불가능하다는 사실과 그 목표를 이루는 데 도움을 줄 의향이 있다는 메시지를 전달해야 한다.

변화 관리에 관한 이론에는 '얼음 녹이기^{unfreezing}'라는 강압적

＋ 미국 최대 에너지 기업 중 하나

인 과정이 있다. 이는 변화의 동기를 만들어내는 과정이다(Schein, 1999). 조직의 목표와 작업 요구 사항 등에 따라 구성원들의 행동에 어떤 변화를 가져와야 할지 정해진다. 그러나 변화가 정말로 필요하다는 사실을 깨달으면 동기부여가 되고 학습이 시작되는데, 이렇게 필요한 변화를 가져오는 과정은 도움을 받는 것으로 간주할 수 있다. 이제 직원들은 도움을 받는 사람이 되고, 변화 관리자는 도움을 주는 사람이 된다. 이런 식으로 틀을 짜는 것이 매우 중요하다. 새로운 행동을 유도하는 가장 효율적인 방법은 변화 대상자가 그 목적에 이르도록 돕는 것임을 변화 관리자가 깨달아야 하기 때문이다. 지침과 훈련 없이는 변화해서 새로운 행동을 할 수 없다고 생각해 위상이 한 수 더 아래로 떨어진다고 느낄 직원들의 사정도 이해해야 한다. 도움을 주는 변화 관리자는 새로운 행동을 하는 데 방해되는 것이 무엇인지, 왜 이전의 행동을 고수하는지, 의뢰인이 어떤 초기 조치를 취할 수 있는지 등의 질문을 먼저 던짐으로써 관계의 균형을 되찾아야 한다. 도움을 받는 사람이 배워야 할 내용에 주의를 기울이게 하려면 도움을 주는 사람은 심리적으로 안전하다는 분위기를 조성하고 바람직한 행동의 롤모델을 제시해야 한다.

가완디Gawande (2007)는 의료 관행에 관한 자신의 저서에서 의사들이 손을 더 자주 씻도록 하기 위해 한 병원이 기울인 노력을 대해 이야기한다. 각종 장려책과 규칙을 도입한 후에도 별로 호응이 없자 병원 측은 의사들에게 질문을 했다. "왜 손을 더 자주 씻지 않나요?" 이 겸손한 질문으로 많은 이유가 밝혀졌다. 그중에는 손을 씻는 것이 불편하고 시간이 걸린다는 이야기도 있었다. 이런 문제들에 대해 다양한 해결책이 강구됐고 결국 호응도를 거의 100퍼센트까지 끌어올리는 데 성공했다. 예를 들어, 편리한 위치에 세면대를 배치해서 손 씻는 것을 쉽게 하고 시간도 단축시켰다. 의사들에게 강압적으로 지시하기보다 도움을 주는 방법이 통한 것이다.

리더를 돕는 컨설턴트의 역할

앞에서 든 예에서 볼 수 있듯이 수동적인 정보 수집자 이상의 역할을 맡아 CEO와 조직을 돕고 싶은 컨설턴트라면 '도움을 받는 사람'이라는 개념이 모호하고 복잡하다는 사실을 알아야 한다. 비록 매일 일대일로 일을 하더라도 도움을 받는 사람이 누구인지에 대한 개념은 예상치 못하게 바뀔 수도 있다. 나도 한 프로젝트를 운영하는 동안 CEO, 부서장, 면담에 응하는 직원, 데이터를 함께 분석하기 위해 모인 그룹 혹은 피드백 미팅에 모두 참석한 부서 전체 직원 등과 일을 해야 할 때가 많았다.

전체를 아우르는 원칙은 공식 직급이나 위계를 위로든 아래로든 건너뛰지 말아야 한다는 점이다. 일선 의뢰인이 CEO면, 아래 직급의 사람을 참여시키는 방법과 어느 직급을 참여시킬지에 관한 결정은 CEO와 컨설턴트가 함께 내려야 한다. 그 결정에 따라 컨설턴트가 다음 직급의 대표자와 도움 관계를 형성하고 나면, 다음 아래 직급을 참여시키는 방식과 대상을 그와 함께 결정해야 한다. 이 과정에서 어느 한 단계라도 건너뛰면 그 단계의 구성원들은 소외감을 느끼고 무슨 일이 벌어지고 있는지 이해하지 못할 뿐만 아니라, 고의적으로 혹은 무의식적으로 도움 과정을 전복되게 만들 확률이 높다.

일선 의뢰인이 조직의 중간 직급일 때도 같은 논리를 적용해야 한다. 도움을 요청받은 컨설턴트와 부서장은 위아래 단계를 참여시킬 방법을 함께 결정해야 한다. 특히 CEO가 이 일에 대해 이해하고 승인하게 만드는 것이 중요하다. 상위 직급을 참여시키는 과정은 CEO가 '내가 모든 문제를 해결할 수 있다'는 태도를 가진 경우에 특히 더 중요하다. 그런 CEO라면 아래 직급에서 진행되는 도움 과정이 너무 약하고 중구난방이라 생각하기 쉽기 때문이다. 나는 초기부터 CEO를 참여시키지 않아서 조직에 큰 도움이 될 프로젝트가 도중에 취소되는 경우를 수없이 목격했다. 앞에서 언급한 수술팀의 경우에도 병원장이나 본부장이 새로운 기술의 도입을 방해하는 상황을 상상할 수 있다. 아마도 그 기술에 대한 이해가 부족하거나 선임 심장외과의사가 '수술은 하지 않고 그 많은 돈을 간호사와 의료기사 훈련에 쏟아붓는다'는 오해로 못마땅해하는 경우일 확률이 높다.

컨설턴트는 궁극적인 최종 의뢰인이 조직의 한 부서 혹은 조직 전체라는 사실을 잊지 말아야 한다. 모든 사람에게 혜택이 돌아가려면 개입하기 전 모든 단계에서 그 단계가 다른 단계에 끼칠 수 있는 잠재적 도움과 해악을 곰곰이 생각하고 결정해야 한다.

✅ 요약과 결론

조직이나 기관을 도울 때도 도움 과정에 내재하는 복잡성은 개인을 도울 때와 다르지 않다. 때에 따라 도움을 받는 사람이 정확히 누구인지 모를 수도 있다. 하지만 도움을 주는 사람은 언제나 그 조직의 수장이 이 일에 참여하도록 하고, 도움 관계를 정립할 때 직급이나 위계를 한 단계도 건너뛰어서는 안 된다. 일선 의뢰인과의 작업이 어떤 식으로 활용되어 다른 사람을 돕게 될지 명확하지 않을 때도 많지만, 다음 단계의 구성원을 참여시키는 방법에 대한 결정은 일선 의뢰인과 컨설턴트가 함께 내리는 것이 무엇보다 중요하다. 거기에 더해 도움의 목적이 의뢰인 당사자가 아니라 외부 요인으로 인한 경우에는 도움을 실행에 옮기는 방법을 쉽게 찾지 못할 수도 있다. 그럼에도 불구하고 성공적인 변화 프로그램을 돌이켜보면 그 과정 어디에선가 변화 대상이 도움을 받는 의뢰인이 되는 결정적 시기가 있다는 사실을 깨닫게 된다. 조직의 변화가 진행되면서 도움을 주는 사람의 역할은 과정 컨설턴트에서 전문가·의사 사이를 끊임없이 오간다. 프로젝트가 진전되는 동안 도움을 주는 사람은 각각의 새로운 의뢰인과 관계를 확립하기 위해 과정 컨설턴트 역할을 해야 한다. 이미 관계를 정립한 의뢰인에게는 전문가·의사 역할을 더 많이 수행할 수도 있다. 여기서 빠지기 쉬운 함정은 새로운 의뢰인이 등장하면 다시 과정 컨설턴트로 변신해야 한다는 점을 잊기 쉽다는 것이다. 도움을 주는 사람이 파악한 조직의 역학관계 정보는 전문 지식의 핵심적인 부분이므로 관계 정립 기간 전체에 걸쳐 공유돼야 한다.

도움을 받아들일 줄 알고, 조직의 다른 구성원들을 도울 수 되어있는 능력은 리더십의 중요한 요소다. 조직마다 다수의

하위 문화가 존재하고, 그것들이 모여서 전체 문화를 형성하기 때문에 리더는 변해야 하는 대상 부서의 문화를 이해하기 전까지 아무것도 변화시킬 수 없다는 사실을 항상 받아들여야 한다. 물론 조직문화를 해석할 때도 도움을 받아들이는 능력을 갖춰야 한다. 리더는 자신도 조직의 일부이며, 조직을 변화시키려면 자신도 필연적으로 변화해야 한다는 사실을 이해해야 한다. 그런 의미에서 리더도 변화를 촉발하는 사람일 뿐만 아니라 도움을 받는 대상이다.

다른 사람들과 상호작용할 때, 리더는 조직을 향상시키는 최선의 방법은 서로 돕는 환경을 만드는 것이라는 사실을 상기하고 조직 구성원을 돕는 모범을 보여야 한다. 부하 직원을 도움을 받아야 하는 사람으로 간주해야 자기 일을 성공적으로 해낼 수 있다는 사실은 반직관적으로 보일 수도 있다. 그러나 이것은 조직을 이끄는 가장 적합한 방법이다. 그렇다면 리더십이란 목표를 정하고 구성원이 그 목표를 성취하는 것을 돕는 일이라 규정할 수 있겠다.

9

가장 효과적으로
돕는 법

도움은 리더십의
필수 요소다

도움을 주고받는 것은 일상적이면서도 복잡한 과정이다. 도움은 태도, 행동 방식, 기술이자 사회생활에서 없어서는 안 될 요소다. 우리가 팀워크라 간주하는 것의 핵심이고, 효율적인 조직의 필수 재료다. 리더의 가장 중요한 일 중 하나고 변화의 원동력이다. 그럼에도 불구하고 도움을 주고받는 일이 잘못되는 경우가 종종 있다. 도움을 주는 입장에서는 좋은 뜻에서 제안한 도움을 상대방이 거부하거나 무시했다는 느낌을 받기도 한다. 도움을 받는 입장에서는 필요한 도움을 받지 못하거나, 필요 없는 도움이라거나, 필요 이상의 도움을 받는다는 느낌 혹은 최악의 경우 정말 좋은 도움을 받았지만 그 사실을 뒤늦게 깨닫고 죄책감을 느낄 때도 많다. 이 장에서는 도움의 복잡성을 파헤쳐보고 지금까지 이야기한 내용을 요약하면서, 내 의견을 비롯해 몇 가지 원칙과 조언을 덧붙이고자 한다.

도움을 주는
자세

도움이 흔한 사회적 과정이기는 하지만 유일한 사회적 과정은 아니다. 타인과 맺는 관계에는 도움 말고도 수많은 기능이 있다. 효과적으로 도움을 제안하고, 제공하고, 제공받으려면 다른 하던 일을 멈추고 도움을 주거나 받는 자세로 바꾸는 능력을 갖출 필요가 있다. 우리는 도움을 주거나 받는 것이 갑자기 긴요한 상황이 되거나 적어도 선택지의 하나일 때는 즉시 그런 자세를 갖추도록 사회적 훈련을 받았다. 그러나 이렇게 도움을 제공하거나 도움을 청하고자 하는 충동이 상황과 어긋날 때도 있다.

하던 일에 몰두하고 있거나 딴 데 정신이 팔려 있거나 혹은 누군가를 도울 마음이 전혀 없는데 갑자기 모르는 사람이나 친구 혹은 배우자가 도움을 청하기도 한다. 그런 일은 언제 일어날지 예측할 수도 없다. 나도 학생이나 동료가 근무 시간 외에 업무에 관해 도움을 요청하면 왜 스스로 해결하지 못할까 하는 생각에 짜증이 날 때가 있다. 혹은 어떻게 도와야 할지 몰라서 위협감을 느끼고 그 사실을 인정하지 못해 수치스러울 때도 있다. 일이 바빠서 다른 사람의 일에 주의를 기울일 여력이 없을 때도 있다. 직업적으로 도움을 주는 전문가들은 공식적인 도움 상황이 아닐 때는 도움을 제공하는 것을 꺼리는 경우가 많다. 파티에서 친구에게 의료적인 조언을 거부하는 의사, 친구의 꿈 해석을 거절하는 심리상담사 등이 그 예다. 다른 일을 끝내느라 서두르고 있는데 길을 묻거나 조언을 구하는 사람을 만나면 하던 일에 방해가 될 수도 있다.

　도움을 주는 일에 대한 개인적 장애물은 누구나 가지고 있으며 그 문제는 다양한 상황에서 표면으로 떠오르곤 한다. 이는 도와달라는 요청에는 꼭 반응해야 한다는 문화적 규칙에도 불구하고 돕는 일은 반사 반응이 아니라 어디까지나 선택의 문제라는 사실을 잘 보여준다. 도움 되는 사람이 되고 싶다면 자기 안에서 일어나는 내적 갈등에 대해서도 인식을 해야 하고, 그에 따라 가끔은 돕지 않는 쪽을 선택하며 거절도 해야 한다.

　이런 선택의 가장 쉬운 예는 내 운전 습관에서 찾아볼 수 있다. 바로 옆 차선에서 달리고 있던 차가 내 앞으로 들어오려고 방향지시등을 켜면 나는 다음 세 가지 중 한 가지 방식으로 행동한다. (1) 속도를 줄여 그 차가 끼어들 수 있도록 양보하거나 (2) 앞차에 더 바짝 붙어서 아무도 끼어들지 못하게 하거나 (3) 옆 차가 방향지시등을 켠 것을 보지 못한다. 나는 서두르지 않고 차분하게 운전할 때 도움의 태도를 더 잘 유지하는 경향이 있다. 서둘러 어디에 가야 하거나 돕고 나면 내가 모종의 불이익을 감수해야 한다는 생각이 들 때는 돕지 않겠다는 선택을 한다. 예를 들어, 내 앞으로 끼어든 차가 다음 사거리에서 좌회전을 할 것 같고, 그렇다면 직진해야 하는 나는 그 차 뒤에서 한참을 기다려야 할지도 모른다는 생각이 들 때처럼 말이다.

구걸하는 사람이나 거리에서 각종 물건을 파는 사람들에 관해서도 비슷한 선택지가 있다. 뭔가를 주거나, 이야기를 들은 후 주지 않겠다고 결정하거나, 구걸하는 사람을 대면하지 않기 위해 길을 건너는 선택지 등이 있다. 이처럼 도움을 줄 기회나 필요는 언제나 다양한 형태로 우리 주변에 있다. 우리는 그 필요를 인식할지 말지, 도울지 말지 선택해야 한다.

도움을 받는
자세

도움을 받아들이는 것도 단순한 일은 아니다. 도움을 구하든 구하지 않든 도움이 제공되는 경우가 많기 때문이다. 누군가 뜬금없이 나를 돕겠다고 나서면, 나는 그 사람이 주도권을 쥔 상황에 반응해야 하고, 잠시나마 위상이 한 수 아래로 떨어진 상황에 대처해야 한다. 상대방이 제안한 도움이 실은 내게 필요하다는 사실을 그 순간 깨달을 수도 있다. 그러나 나는 괜찮고 도움이 전혀 필요치 않은데 도움이 필요하다고 보는 다른 사람들의 시각을 소화해내야 하는 유쾌하지 않은 상황이 벌어지기도 한다.

누군가가 돕겠다는 생각으로 우리가 하고 있는 일에 예상치 않은 조언이나 개입을 하는 경우가 있는데, 그런 식의 도움을 받아들일 용의가 없거나 도움을 받아들이는 것이 가능하지 않은 상황을 언제 경험할지는 아무도 모른다. 옆자리에 앉아서 운전자에게 계속 잔소리하며 조언하는 승객이 바로 이런 식의 원치 않는 도움에 있어 가장 흔하고 문제가 많은 예다.

원치 않는 도움의 사례를 하나 들어보자. 내 딸은 수채화 강습을 받던 중에 나무를 잘 표현하지 못해 어려움을 겪었다. 강사가 도움을 준답시고 다가와서 붓을 낚아채더니 나무의 주요 선을 그려줬다. 캔버스 전체를 자신의 노력으로 채우고 싶었던 딸은 화가 나고 상처를 받았다. 이렇게 도움이 너무 과한 경우도 있다. 한번은 내가 테니스를 치고 있던 바로 옆 코트에서 진행 중인 테니스 교습을 지켜본 적이 있다. 학생이 공을 칠 때마다 하나도 빠짐없이 교정해주는 강사의 잔소리로 그 학생은 완전히 혼란에 빠져버린 모습이 역력했다.

도움의
일곱 가지 원칙

도움을 받고, 도움을 줄 준비가 되어 있다는 것은 언제, 어떤 상황에서 도움을 제안하고 주고받을 것인지 스스로 묻고 그 답을 인식하고 있다는 의미다. 이 점은 다음 첫 번째 원칙과 관련이 있다.

원칙 1: 도움을 줄 사람과 받을 사람이 모두 준비가 됐을 때 효과적인 도움이 이뤄진다

• 조언 1
도움을 제안하고, 주고받기 전에 자신의 감정과 의도를 확인하자.

진정으로 돕겠다는 의도를 가지고 도운 것이 아니라 일을 마무리하거나 게임에서 이기기 위해서였다면 이 책 전체에 걸쳐 논의한 함정에 빠질 위험이 매우 크다.

• 조언 2
도움을 주고받으려는 자신의 마음을 잘 살피고 이해해보자.

서로 도움을 주고받아야 건강한 관계를 유지할 수 있다는 문화적 규칙은 매우 명확하다. 따라서 도움을 주거나 받는 것이 싫다는 생각이 들면 그런 상황은 애초부터 피해야 한다. 일단 그 상황에 처하게 된다면 문화적 규칙을 따라야 한다.

• 조언 3
돕겠다는 노력을 상대방이 잘 받아들이지 않아도 기분 나빠 하지 말자.

기분 나빠 하는 대신, 이 책에서 논의한 다양한 함정에 빠진 것은 아닌지 자문해보자. 어쩌면 돕고자 했던 사람이 도움받을 준비가 되어 있지 않거나 도움받지 못하는 상황이었을 수도 있다. 어쩌면 도움이 필요한지 묻는 대신 그 사람이 도움이 필요할 것이라고 내가 그냥 추정해버렸을 수도 있다.

한번은 여러 가족이 함께 소풍을 간 자리에서 세 살짜리 아이가 접시에 음식을 너무 많이 담아 가져가는 것을 보고 도우려고 했던 적이 있다. 그러자 그 아이의 아빠가 날카롭게 내게 말했다. "그냥 내버려두세요. 스스로 하는 법을 배워야 하니까요." 상황에 따라 다르니 그때그때 판단해야 한다. 도움이 필요하지도, 적절하지도 않은 경우가 많다.

원칙 2: 효과적인 도움은 관계가 균형 잡혔다는 느낌을 줄 때 이뤄진다

• 조언 1

도움을 청하는 사람의 마음이 불편할 수 있다는 사실을 잊지 말고, 의뢰인이 진짜 원하는 것이 무엇인지, 어떻게 하면 가장 잘 도울 수 있을지 질문하자.

이런 질문을 받고 나면 도움을 청한 사람은 자기가 조금 더 상황을 제어할 수 있게 됐다고 느껴 도움을 받아들이기가 조금 더 쉬워진다. 지금 주는 도움이 필요한 것인지 때때로 질문하고, 돕겠다는 나 자신의 욕구에 너무 집중한 나머지 도움받는 상대방의 필요를 간과해서 너무 과도한 도움을 주고 있지는 않은지 점검하자.

• 조언 2

도움을 청한 사람은 기회를 봐서 도움을 준 사람에게 무엇이 도움
이 됐고, 무엇이 도움이 되지 않았는지 피드백을 주도록 하자.

모든 일은 관계 속에서 이뤄진다는 것을 기억하자. 도움을
주는 사람이 정말로 필요한 도움을 줄 수 있도록 안내하거나 필
요한 정보를 주는 것이 도움을 받는 사람의 역할이다.

도움을 청해야 할 때는 위상이 한 수 아래로 떨어지는 느낌
을 매우 뚜렷이 느끼게 마련이다. 이보다는 덜 뚜렷하지만 못지
않게 불편한 것은 불필요한 도움이나 과도한 도움으로 인해 '깔
아뭉개지는' 느낌을 받는 일이다. 내가 스스로 할 수 있는 일인데
누군가가 도와주겠다는 제안을 하면 나를 그 정도의 능력도 없는
사람으로 깔보는 것 같아 모욕감을 느낀다. 애초에 내가 요청해
서 필요한 도움을 받았는데도 그 후에 상대방이 계속 조언을 해
댄다면 기분이 좋지 않다.

내가 작가로서 쓴 글에 대해 누군가에게 대략적인 피드백
을 요청했던 적이 있다. 나는 상대방의 전반적인 반응을 보고 이
해한 다음, 그에 따라 글을 수정할 준비를 했다. 그러나 내가 도움
을 요청한 상대는 거기서 그치지 않고 여러 군데에 표시를 해놓
고 내게 하나하나 다 설명해주고 싶어 했다. 그가 모르는 사실은
바로 그가 자세히 분석하고 있는 부분 전체를 나는 이미 삭제할

작정이었다는 점이다. 도움을 청한 내가 도움을 받아들이지 못할 때는 도움을 주는 사람에게 피드백을 주는 방법 또한 배워야 한다.

원칙 3: 도움을 주는 사람이 적절한 도움의 역할을 수행할 때 효과적인 도움이 이뤄진다

• 조언 1
확인하기 전까지 절대 상대방이 어떤 도움이 필요할지 안다고 추정하지 말자.

상대방이 도움을 청했거나, 도움을 필요로 하는 것이 명확해 보여도 전문가 혹은 의사 역할로 뛰어들기 전에 그것이 상대가 필요로 하는 도움인지 질문해야 한다. 이미 우리는 (1) 도움을 청한 사람이 필요로 하는 특정 지식이나 특정 서비스를 사용해 도움을 주는 전문가 역할, (2) 상황을 진단하고 처방과 함께 전문적 서비스를 제공하는 의사 역할, (3) 실제로 필요한 도움이 무엇인지 알아내는 과정에 도움을 청한 사람을 참여시켜 신뢰 관계를 쌓고 전체적인 정보를 얻는 데 주력하는 과정 컨설턴트 역할 등 일반적으로 가능한 세 가지 역할 사이의 명확한 차이를 살펴봤다. 도와달라는 요청을 받았건, 상대방에게 도움이 필요한 것이 확실해 보여서 도울 준비가 됐건, 도움 상황 초기에는 과정 컨설턴트 역할이 가장 적절하다. 더 많은 정보를 얻기 전에는 자신이 가진 전문 지식이나 진단 기술이 상황에 적절한지 여부를 모르기 때문이다. 경우에 따라서 과정 컨설턴트 역할이 몇 초 안에 끝날 수도, 도움 과정 전체에 걸쳐 필요할 수도 있다. 그러나 상황에 맞고 적절한 도움을 주기 위해서는 과정 컨설턴트 역할부터 시작해야 한다.

- 조언 2

지속적으로 도움을 주는 상황이라면 자신이 수행하는 역할이 여전히 도움이 되는지 주기적으로 확인하자.

이전에 효과가 있었다고 해서 계속 효과를 발휘하리라고 추정하지 말자. 상황이 바뀔 수도 있으니 역할에 변화를 줄 준비도 되어 있어야 한다. 팀으로 일하거나, 누구를 돌보거나, 조직개편 프로젝트 등 도움 상황이 길어질 때는 전문가 서비스와 진단 기술이 매우 유용하게 사용되는 시점이 있다. 그런 경우, 도움을 주는 사람은 상황에 맞게 역할을 바꿔야 한다. 그러나 너무 과도하거나 적절하지 않은 도움을 주는 것을 피하려면 도움을 주는 사람은 때때로 과정 컨설턴트 역할로 돌아가 지금 제공하는 도움이 여전히 적절한지 확인해야 한다. 도움을 받은 사람과 주는 사람 모두 한 시점에 적절했던 도움이 다른 시점에는 그렇지 않을 수도 있다는 사실을 인식하고 유연하게 대처해야 한다.

• 조언 3

도움받는 사람은 도움이 더 이상 필요치 않게 됐을 때 도움을 주던 사람에게 피드백을 주는 것을 두려워하지 말자.

내가 경험상 깨달은 것은 도움을 받을 때 더 이상 도움이 되지 않는 상황이 되면 상대방이 아무리 좋은 의도로 돕고 있어도 그 사실을 알리는 게 중요하다는 점이다. 특히 전문적으로 도움을 주는 사람들이나 너무 열성적인 친구들의 경우에는 더욱 그렇다. 도움을 받는 사람이 알려주지 않으면 도움을 주는 사람은 역할을 바꿔야 할 때가 돼도 그 사실을 알 길이 없다.

원칙 4: 도움을 주는 사람과 받는 사람이 하는 모든 말과 행동은 관계의 미래에 영향을 준다

• 조언 1

도움을 주는 사람은 자신이 하는 모든 말과 행동이 관계에 영향을 줄 수 있다는 사실을 염두에 두자.

의사소통은 선택의 문제가 아니다. 도움 상황에 처했을 때 우리가 하는 모든 일은 어떤 메시지로 읽힐 수 있고, 따라서 모종의 개입이 된다. 방관자 입장이 돼서 도와달라는 요청을 듣지도

보지도 못한 척하거나, 도움이 필요한 상황을 일부러 피할 수도 있다. 그러나 방관자 노릇을 하는 것에도 결과가 따른다. 도움이 되지 않는 사람이라는 인상을 심어줘서 정작 도움을 주고 싶을 때 다른 사람들이 그 사람에게 도움을 구하려 하지 않을 것이다. 기꺼이 도움을 주는 태도가 문화의 일부로 정착한 조직이라면 그런 행동을 일탈로 여기고 그 사람을 배척할 수도 있다.

어떤 상황을 보고 자기가 그 상황을 인지했다는 사실을 인정은 하지만 돕지 않겠다고 결정할 수도 있다. 도와달라는 요청을 받았는데 거절할 수도 있다. 두 반응 모두 도움 관계가 발전하는 데 방해가 될 것이고, 심지어 도움을 청한 사람의 기분을 상하게 해 거절한 사람에 대한 나쁜 인식을 심어준다. 도움을 제안하거나 서둘러 돕는 행동을 취한다면, 적어도 도움이 되고 싶어 하는 사람이라는 신호는 보낼 수 있다. 그러나 과도한 도움을 주거나 잘못된 도움을 주면 오히려 부작용을 낳아서 원치 않는 간섭을 하는 사람으로 비칠 수도 있다.

중요한 점은 무슨 행동을 하든, 하지 않든간에 그 행동 모두 자신에 관한 모종의 신호라는 사실이다. 어떤 형태로든 상황에 개입하고 있는 것이고, 우리는 그 현실을 잊지 말아야 한다. 투명 인간이 아닌 이상 어떤 식으로든 의사소통을 하게 되어 있다. 따라서 자신이 무슨 방식으로 개입을 할 것인지에 기초해서 어떤 메시지로 소통해야 할지 정해야 한다.

• 조언 2

도움을 구하는 사람도 자신이 하는 모든 말과 행동이 상대에게 보내는 메시지가 된다는 사실을 인식하자.

자신의 행동에 주의를 기울이고 그 행동이 관계에 끼칠 영향을 고려하자. 상대방이 도움을 주고 있다는 사실을 인정하는 신호를 보내고 있는가? 고마움을 표시하고 있는가? 도움을 받는 것을 피하고 있거나 도움이 필요 없다고 적극적으로 거절하고 있는가? 도움을 주는 사람에게 피드백을 주고 있는가?

• 조언 3

피드백을 줄 때는 판단은 삼가고 묘사 위주로 하자.

도움을 주는 사람은 관계의 균형을 유지하고 도움을 청한 사람이 계속 한 수 아래로 처진 느낌을 받지 않도록 해야 한다는 데 신경 쓰다가 언제, 어떤 피드백을 줘야 할지 포착하지 못할 수도 있다. 심리학적으로 긍정적 강화가 효과적이라는 사실은 우리도 알고 있다. 교사나 코치가 긍정적 강화를 사용할 경우 원하는 방향으로 학생이 행동을 유인할 수 있기 때문이다. 부정적 강화와 처벌은 어떤 행동을 없애야 할 때 효과적이라는 사실도 알고 있다. 피드백은 묘사하는 방식이 가장 효과적이다. 묘사적 피드백을 들은 사람은 스스로를 평가할 수 있기 때문이다. 이런 가이드라인은 합당한 것들이지만 관계에서 발생하는 미묘한 문제들을 모두 해결해주지는 않는다.

• 조언 4
부적절한 격려는 최소화하자.

관계를 구축할 때는 당연히 칭찬 등의 긍정적 강화를 사용하는 것이 좋다. 그러나 조심스럽게 접근하지 않으면 이런 격려도 상대방을 깔보는 태도나 모욕적인 언사로 다가갈 수 있다. 내 컴퓨터 선생님은 내가 하는 **모든 것**을 칭찬했는데, 이미 당연히 할 수 있는 것을 했는데도 칭찬하면 약간 짜증이 나곤 했다. 기본적인 키보드 몇 개를 눌렀는데도 "대단해요!"라는 말을 들으면 속으로 신음 소리가 절로 나왔다. 좋은 의도에서 하는 칭찬이었지만 내가 진정으로 선생님에게 인정받고 싶은 부분은 놓치고 있었다. 나는 기본적인 작동은 할 줄 알았고 칭찬받고 싶은 부분은 새로 배운 작업에 관한 것이었다. 누가 봐도 간단하고 쉬운 일을 칭찬할수록 새로 배우는 지식을 충분히 흡수하기가 점점 더 어려워졌다. 선생님은 자기가 기계적으로 하는 행동에 주의를 기울이지 않았고 나는 내 감정을 이야기할 기회를 잡지 못했다.

- 조언 5

부적절한 지적은 최소화하자.

도움을 구한 사람이 무슨 일을 하려 하거나 무언가를 제안했는데 도움을 요청받은 사람은 그것이 맞지 않다는 사실을 알고 있다면 어떻게 해야 할까?

도움을 요청받은 사람은 딜레마에 빠진다. 그 부분을 바로 지적해서 상대방을 힘들게 하고 깔본다는 오해를 받는 위험을 감수할지, 이후에 상황을 검토할 때 언급할지 혹은 완전히 모르는 척할지 선택해야 하기 때문이다. 즉각적으로 부정적인 결과를 낼 상황, 가령 운전 연수생이 잘못된 길로 진입하려는 상황이라면 바로 지적하는 것이 당연하다. 그러나 새로운 컴퓨터 작동법이나 테니스 동작을 배우느라 잦은 실수를 하고, 그런 실수가 큰 부정적인 결과로 이어지지 않는다면 매번 실수를 지적하는 것보다 모르는 척 지나치는 것이 낫다. 도움을 받는 사람은 스스로 실수를 깨닫는 법을 배우면서 자존감이 높아진다. 내 경험으로는 이런 식의 코치 역할을 수행할 때 상대방에게 실수를 지적해주길 원하는지 묻는 것도 도움이 됐다.

원칙 5: 효과적인 도움은 순수한 질문으로 시작한다

• 조언 1

상황에 따라 다르겠지만 언제나 순수한 질문으로 시작하자.

도움을 청하는 사람의 의도와 도움을 줘야 할 방향이 아무리 명확해 보인다 하더라도 도움을 주는 사람은 행동에 들어가기 전에 상황을 돌아본 다음 어떤 방식으로 반응할지를 결정해야 한다.

• 조언 2

도와달라는 요청이 아무리 익숙한 것일지라도 이전에 한 번도 들어보지 못한 새로운 요청인 듯 대하자.

순수한 질문을 던지는 일은 쉽지 않다. 자신이 가지고 있는 편견과 선입견, 선험적 가정, 그리고 과거 경험에 기초한 예상 등을 가능한 한 무시해야 하기 때문이다. 내게 매사추세츠 애비뉴로 가는 길을 묻는 사람이 계속 있다 하더라도 세 번째로 물은 사람은 그 전에 같은 질문을 한 두 사람과 목적지가 다를 수도 있다. 자녀가 똑같이 숙제를 도와달라고 요청했더라도 매번 다른 이유일 수도 있다. 의사들은 두통에 여러 원인이 있다는 것을 알기 때문에 두통 환자마다 그에 맞는 치료법을 처방한다. 조직개발 전문 컨설턴트라면 누구나 조직문화를 검토해달라고 부탁하는 의뢰인마다 나름의 다른 이유가 있다는 사실을 안다. 사회복지사들은 그 많은 가정 불화 중 같은 것이 한 건도 없다는 것을 안다. 상황을 정형화하면 관계 정립을 하지 못하고 도움도 주지 못할 위험이 높아진다.

순수한 질문의 핵심은 '나는 아는 것이 아무것도 없다는 사실을 알기'라는 매우 괴상한 개념이다. 이미 자신이 가지고 있는 선입견이나 가정을 확인하기 위한 질문을 하면, 상대방도 그것을 감지하고 자신의 우려를 드러내는 대신 내 영역으로 끌려들어와 버린다. 내가 가진 무지를 인식하고, 그에 따라 질문에 깃드는 편향을 최소화하려면 내가 진정으로 모르는 것이 무엇인지 자문해야 한다.

도움 관계를 정립하는 초기에 순수한 질문이 가장 중요한 이유는 두 가지다. 바로 도움을 청한 사람의 위상을 올리면서 도움을 요청받은 사람이 사용할 수 있는 정보를 최대한 얻을 수 있기 때문이다. 따라서 도움 관계를 구축하는 가장 좋은 방법은 과정 컨설턴트 역할을 맡아 순수한 질문을 던지는 것이다.

원칙 6: 문제의 주인은 도움을 청한 사람이다

• 조언 1
관계를 쌓기 전까지는 도움을 청한 사람의 이야기에 너무 많은 관심을 보이지 않도록 주의하자.

도움을 주는 사람이 빠지기 쉬운 가장 위험한 함정 중 하나
는 이야기에 빠져드는 일이다. 도움을 주는 사람이 문제의 전문
가일 때 이 위험은 특히 더 커진다. 그렇게 되면 과정 컨설턴트 역
할에 머물러 순수한 질문을 던지면서 자신의 무지를 인식하는 일
이 매우 어려워진다.

- 조언 2

도움을 청한 사람이 가져온 문제가 내가 아는 문제와 아무리 유사
하더라도 그것은 그 사람의 문제이지 나의 문제가 아니라는 사실
을 계속 상기하자.

돕는 사람은 도움을 받는 사람이 현재 상황을 어떻게 느끼
고 있을지 완전히 이해할 수 없다. 사람마다 다른 사회적 맥락에
서 다른 성격을 갖고 살기 때문이다. 아무리 공감과 연민을 느끼
더라도 "나도 똑같은 문제를 경험했어요. 그러니 이렇게 해야 해
요"라고 말하는 것은 옳지 않다. 도움을 주는 사람은 결국 도움을
청한 사람이 자기에게 가장 잘 맞는 최선의 해결책을 선택해야
한다는 사실을 기억해야 한다. 따라서 도움을 주는 사람이 할 수
있는 유일한 일은 상대방이 해결책을 이해하고 스스로 선택하도
록 돕는 것이다.

조직 컨설팅에서 다음 단계를 계획하는 데 의뢰인을 참여시

키는 일은 절대적으로 필요하다. 도움을 주는 사람은 특정 조치나 변화가 어떤 영향을 끼칠지 완전히 알 방법이 없다. 내부 문화와 정치적 상황을 아는 사람은 현재 접촉하고 있는 일선 의뢰인뿐이므로, 다음 단계에 무엇을 할지 결정하는 데 그가 참여하는 것이 당연하다.

도움을 구하는 사람이 "내가 어떻게 하는 게 좋을까요? 이런 일을 경험해보셨잖아요"라면서 대답을 달라고 고집한다면 개인적 경험을 바탕으로 한 제안이나 조언은 이런 형태를 띠는 것이 좋다. "저는 당신 상황에 처해보지 못했습니다. 지금 상황을 직접 경험하는 사람은 당신뿐이니까요. 하지만 이와 비슷한 상황에서 제게 도움이 됐던 것은 이런 것입니다." 목표는 대안을 제시하면서도 도움을 청하는 사람이 상황에 대해 혁신적으로 생각할 수 있는 능력과 기회를 방해하지 않는 것이다. 도움을 주는 사람은 '가능한 대안을 슬며시 언급하는 것'과 '대안을 제시하는 것'의 차이를 인식해야 한다. 내 멘토 리처드 베커드^{Richard Beckhard}는 이렇게 말하곤 했다. "도움을 청한 사람이 해결책을 제안해달라고 고집한다면, 언제나 적어도 두 개 이상의 대안을 제시해서 스스로 선택할 수 있게 해야 합니다."

나도 나이가 들고 경험이 쌓이면서 어떻게 도와야 할지 안다는 결론으로 치달으려는 성향이 강해지는 것을 느낀다. 속도를 늦추고 주의를 기울이지 않으면 도움을 구한 사람이나 문제 상황에서 내가 예상치 못했던 새로운 딜레마를 보지 못하고 넘어가버리곤 한다. 내가 돕는 사람의 입장에 있기 때문에 내 경험에서 해결책을 찾을 수 있을 것이라 추정하고 싶은 유혹이 강하다. 내가 모든 것을 다 안다고 믿는 함정에 빠지고, 모두가 내게 그런 기대를 할 것이라고 착각하면서 해결책을 만들어낸다. 하지만 그렇게 했을 때 거의 항상 적절한 도움을 주는 데 실패하고 말았다. 그런 경험들을 통해 나는 어떨 때는 '문제를 공유'하는 것이 올바른 대안이라는 사실을 배우게 됐다.

• 조언 1
도움을 주면서 겪는 어려움을 공유하자.

인정하고 싶지 않지만 나는 매우 자주 누군가를 도와야 할 때 문득 다음 단계로 무엇을 해야 할지 모르겠다는 느낌을 받곤 한다. 그럴 때는 도움을 받는 사람에게 "지금 꽉 막혔어요. 다음 단계로 무엇을 해야 도움이 될지 잘 모르겠어요" 하고 솔직하게 말하는 것이 최선이다. 이런 대화는 도움을 받은 사람에게 권한을 부여하고, 현재 우리가 찾으려고 하는 해결책이 그 사람의 문제에 관한 것임을 인정하는 의미를 가진다. 문제를 공유하는 것은 순수한 질문의 또 다른 형태다.

도움을 받은 사람이 "이보세요, 해결책을 찾아달라고 돈을 지불하고 있잖아요"라고 말하는 흔치 않은 상황이 벌어질 수도 있다. 그러면 도움을 주던 사람은 여러 대안을 이야기하고, 왜 다음 단계로 무슨 일을 해야 할지 모르는지 설명할 수 있다. 이는 도움을 받는 사람에게 배움의 기회를 제공하고, 도움을 주는 사람의 신뢰도를 높이는 결과를 낳는다.

이 짧은 책에서 나는 다양한 사회적 과정을 '도움'의 여러 형태로 재구성해봤다. 여기에는 신뢰를 쌓고, 협조하고, 협응하고, 팀워크와 리더십을 구축하고, 경영 방식을 바꾸는 상황 등이 포함되어 있다. 이 과정에서 우리는 개미가 됐든, 새가 됐든, 인간이 됐든, 도움을 주고받는 일은 모든 사회적 삶의 중심이라는 사실을 알게 됐다. 우리가 효과적으로 도움을 주는 사람이 될 수 있다면, 우리 모두의 삶이 향상될 것이다.

《리더의 돕는 법》을 쓰면서 각 장의 초고를 여러 사람에게 읽어 봐달라고 보냈다. 수많은 친구와 동료가 내가 펼친 주장과 생각을 재확인해주기도 하고 의문을 제기하기도 하는 등 책을 쓰는 각 단계에서 큰 도움을 줬다. 오토 샤머, 로티 베일린, 존 밴 마아넨, 데이비드 코플란, 수 로츠, 메리 제인 코나스키에게 고마운 마음을 보낸다.

특히 내 초고에 상세한 피드백을 준 베렛-콜러 출판사의 리뷰어들에게 깊이 감사한다. 조앤 갈로스와 마이클 아서는 완성된 원고를 읽고 또 다른 차원의 도움을 줬다. 그 덕분에 몇몇 아이디어를 더 명확히 다듬을 수 있었다.

책을 쓰는 동안 아내가 세상을 떠났다. 25년에 걸쳐 암과 싸웠지만 그중 마지막 6개월 동안의 투병 과정은 도움과 돌봄을 주고받는 것에 대해 생각할 여지를 많이 남겼다.

그녀와 함께 보낸 52년이라는 경이로운 세월, 그리고 글쓰기를 귀찮은 일이 아니라 기쁜 일로 느끼게 해준 가정환경을 만들어준 그녀에게 늦게나마 고맙다는 말을 전하고 싶다.

에드거 H. 샤인
미국 매사추세츠주 케임브리지에서

Blumer, H. 1971. *Symbolic Interactionism*. Englewood Cliffs, N.J.:
    Prentice Hall.

Cooley, C. H. 1922. *Human Nature and the Social Order*. New York:
    Charles Scribner & Sons.

Edmondson, A. C., R. M. Bohmer, and G. P. Pisano. 2001. "Disrupted
    routines: Team learning and new technology implementation in
    hospitals." *Administrative Science Quarterly*, 46: 685–716.

Gawande, A. 2007. *Better*. New York: Metropolitan Books. (《어떻게 일할
    것인가》, 아툴 가완디 지음, 곽미경 옮김, 웅진지식하우스, 2018).

Goffman, E. 1959. *The Presentation of Self in Everyday Life*. New York:
    Doubleday Anchor. (《자아 연출의 사회학》, 어빙 고프먼 지음, 진수미
    옮김, 현암사, 2016).

――. 1963. *Behavior in Public Places*. New York: Free Press.

――. 1967. *Interaction Ritual*. New York: Pantheon. (《상호작용 의례》,

어빙 고프먼 지음, 진수미 옮김, 아카넷, 2013).

Harris, T. A. 1967. *I'm OK, You're OK*. New York: Avon. (《아임 오케이
유어 오케이》, 토마스 A. 해리스 지음, 이영호·박미현 옮김, 이너북스,
2020).

Hughes, E. 1958. *Men and Their Work*. Glencoe, Il.: Free Press.

Mead, G. H. 1934. *Mind, Self and Society*. Ed. Charles W. Morris,
University of Chicago Press.

Potter, S. 1950. *Gamesmanship*. New York: Henry Holt & Co.

——. 1951. *One-upmanship*. New York: Henry Holt & Co.

Schein, E. H. 1969. *Process Consultation*. Reading, Mass.: Addison-
Wesley.

——. 1999. *Process Consultation Revisited*. Englewood Cliffs, N.J.:
Prentice-Hall. (《기업·개인에서의 과정컨설팅》, 에드거 샤인 지음,
신기현 옮김, 학지사, 2024)

——. 2004. *Organizational Culture and Leadership, 3rd ed*. San Francisco:
Jossey-Bass.

Snook, S. A. 2000. *Friendly Fire*. Princeton, N.J.: Princeton University
Press.

Van Maanen, J. 1979. "The self, the situation and the rules of
interpersonal relations" in *Essays in Interpersonal Dynamics*, edited
by W. Bennis, J. Van Maanen, E. H. Schein, and F. I. Steele.
Homewood, Il.: Dorsey Press.

Yalom, I. 1990. *Love's Executioner*. New York: Harper Perennial. (《나는

사랑의 처형자가 되기 싫다》, 어빈 D. 얄롬 지음, 최윤미 옮김, 시그마프레스, 2014)

옮긴이 김희정

현재 가족과 함께 영국에 살면서 전문 번역가로 활동하고 있다. 옮긴 책으로 《장하준의 경제학 강의》, 《어떻게 죽을 것인가》, 《랩걸》, 《배움의 발견》, 《클로드와 포피》, 《지지 않기 위해 쓴다》, 《장하준의 경제학 레시피》, 《나는 메트로폴리탄 미술관의 경비원입니다》 등이 있다.

리더의 돕는법

첫판 1쇄 펴낸날 2024년 12월 10일

지은이 에드거 샤인
옮긴이 김희정
발행인 조한나
책임편집 조정현
편집기획 김교석 유승연 문해림 김유진 곽세라 전하연 박혜인
디자인 한승연 성윤정
마케팅 문창운 백윤진 박희원
회계 양여진 김주연

펴낸곳 (주)도서출판 푸른숲
출판등록 2003년 12월 17일 제2003-000032호
주소 서울특별시 마포구 토정로 35-1 2층, 우편번호 04083
전화 02)6392-7871, 2(마케팅부), 02)6392-7873(편집부)
팩스 02)6392-7875
홈페이지 www.prunsoop.co.kr
페이스북 www.facebook.com/prunsoop   **인스타그램** @prunsoop

ⓒ푸른숲, 2024
ISBN 979-11-7254-037-1 (03320)